Impressum:

in Zusammenarbeit mit www.bolonka-zwetna-freunde.de

© toorpedo Verlag, Görlitz 2016
Alle Rechte vorbehalten
www.toorpedo.de
Herausgeber: toorpedo Verlag Foerster
Umschlagbildlizenz: © lblackosaka, mdorottya, melis, Ulf ©123rf.com
Lektorat: A. Anthofer und P. Bartholome
Verantwortlich gemäß § 5 TMG:
Ferdinand von Reukewitz, Lydia Tessin, Caroline Frank
ISBN-13: 978-1539665090
ISBN-10: 1539665097
CreateSpace

Bolonka Zwetna

Der Praxisratgeber über unseren Tsvetnaya Bolonka

von
Ferdinand von Reukewitz

Inhaltsverzeichnis

Die Geschichte des Bolonka Zwetna

Der Zwetnaya Bolonka entwickelte sich aus dem reinweißen Bolonka Franzuska, dieser begründete sich aus dem Bichon Frisé, damit zählt der Bolonka Zwetna zu den farbigen Bichons. Die offizielle Zucht begann in den 50er-Jahren in Russland, um eine nationale Zwerghunderasse zu schaffen. In den 80ern gewinnen die Bolonki an Beliebtheit, sodass sich auch in Deutschland Rassezuchtvereine gründen.

Die historische Entwicklung der Rasse

Die Hunderasse Bolonka Zwetna zählt zu den kleinen, lang- bis kraushaarigen Bichons. Ursprünglich stammt der Hund aus Russland. Neben der nationalen Anerkennung der Rasse durch den VDH im Jahr 2011 beglaubigte sie die Russische Kynologische Föderation (RKF) und ordnete sie in die FCI-Gruppe 9 ein. Diese schließt die Gesellschafts- und Begleithunde ein. Die Abkürzung VDH steht für den Verband Deutscher Kleinhundezüchter, in dem sich die Interessenten organisieren.

Der russische Name „Zwetnaya Bolonka" weist auf das farbige Haarkleid des Hundes hin, denn „zwetnaya" bedeutet übersetzt „bunt". Die Rasse hat ihren Ursprung in den Ländern der ehemaligen Sowjetunion und entwickelte sich aus dem Bolonka Franziskus. Die Rasse entstand aus Einkreuzungen der Shih-Tzu, Pudel und verschiedener Zwergrassen. Da keine Ahnentafeln existierten, gelten nicht alle Vorfahren der Gattung als bekannt.

Vor mehr als 100 Jahren begann die Geschichte des kleinen Bolonka im Russischen Zarenhaus. Die damaligen Herrscher erhielten die kleinen Schosshündchen als Geschenk des französichen Kaisers, der Bolonka erfreute sich zunehmender Beliebtheit und gewann an Bedeutung. Zu dieser Zeit war das kleine Fellnäuel ausschließlich den Reichen vorbehalten, deshalb trägt der Hund heute noch den Beinamen „Zarenhund".

In seiner heutigen Erscheinung entstand der Bolonka Zwetna in den 60er-Jahren des 20. Jahrhunderts. Vorwiegend in Russland und der DDR traf der Hund auf Wohlwollen, sodass sich die Rasse in den Gebieten verbreitete. International erhielten die Bolonki keine Anerkennung. Die Russische Kynologische Vereinigung bezeichnet sie als „Russische Bolonka Zwetna". Dabei handelt es sich um eine Farbvariation des Bolonka Franzuska, die sich in der Sowjetunion entwickelte. Im Gegensatz zum weißen Gesellschaftshund, existiert die bunte Variante in verschiedenen Unifarben und Farbkombinationen.

Die neuere Geschichte des Bolonka Zwetna

Bei der Züchtung des Bolonka Franziskus entstanden durch Einkreuzungen mit beispielsweise Lhasa Apso bunte Welpen. Diese bezeichneten die Züchter als Zwetna. In der ersten Zeit galten die farbigen Tiere als „unrein", sodass die Zwingerbesitzer sie von der weiteren Züchtung ausschlossen. Die bunten Kleinhunde gewannen jedoch zunehmend an Beliebtheit, weshalb 1951 die offizielle Zucht begann, um in Russland eine nationale Zwerghund-Rasse zu etablieren. Den Stereotypen für den Hund legten kynologische Experten der Leningrader Jagd- und Fischerei-Gesellschaft, kurz LODIR, fest.

Charakteristisch für den Bolonka Zwetna ist die niedrige Statur von 20 bis 24 Zentimetern sowie die unterschiedlichen Unifarben. 1964 folgte der erste Rassestandard für den kleinen Begleithund, den der kynologische Rat des sowjetischen Landwirtschafts-Ministeriums zwei Jahre später bestätigt. Für die Zucht der Bolonki Zwetna spielen Leningrader Kynologen sowie das Institut MGOLS eine bedeutende Rolle. Hinter dem Kürzel steckt die „Moskauer Gesellschaft der Hundeliebhaber". Vorwiegend in den 80er-Jahren verstärkt sich die Popularität der bunten Rassehunde. In dem Zeitraum gründeten sich Zuchtstätten sowie ein nationaler Zuchtverein für die Rasse.

Nach der Anerkennung durch die RKF entstanden Ahnentafeln, welche die Standards für die Bolonki festhielten. Sie galten als verbindliche Eigenschaften für den Bolonka Zwetna. Im Jahr 2002 übernahmen die amerikanischen Zuchtverbände die Aufzucht der Hunde. Die jeweiligen Interessenten arbeiteten direkt mit Russland-Importen. Ähnlich verfuhren die Züchter in der Tschechoslowakei, die sich ebenfalls für die Zucht der Bolonki Zwetna interessierten.

Die deutsche Geschichte des Bolonka Zwetna

Seit Beginn der Züchtung in Russland steigt die Beliebtheit des Bolonka Zwetna in Deutschland an. Vorerst in der DDR bekannt, bringen Züchter den Hund in die alten Bundesländer, in denen sich ebenfalls Zuchtvereine bilden. Seit Beginn des 21. Jahrhunderts arbeitet der Verband Deutscher Kleinhundezüchter, kurz VDH, die Modalitäten für einen einheitlichen Standard der Bolonki Zwetna aus. Ein harmonisches Gesamtbild sowie die Gesundheit der Tiere stehen im Vordergrund. Züchter erzielen mit einem gesunden Welpen einen Preis von bis zu 4.000 Euro. Eine zweite Richtlinie entwickelte sich zwischen den Jahren 2002 und 2003. Zu der Zeit erstellten unseriöse Züchter Rassestandards, die schnell zu einer Qualzucht führten.

In der Variante kam es häufig zu einer selektiven Verzwergung der Hunde. Zusätzlich sorgten verkürzte Fänge und zu große Augen für gesundheitliche Komplikationen. Aufgrund der fehlenden Selektion entstehen bis heute Erbkrankheiten, welche die Lebensqualität der kleinen Hunde maßgeblich beeinträchtigen.

Deshalb besteht die Notwendigkeit, beim Kauf der Tiere auf die Seriosität der Verkäufer zu achten.

Das Rasseporträt der Bolonki Zwetna

Obgleich kein einheitliches Profil für den Bolonka Zwetna existiert, gibt es einen von der FCI festgelegten Standard. Laut diesem gilt der bunte Hund als kleine Rasse mit einem langen und lockigen Fell. Bei den Farben erscheinen keine Einschränkungen, außer Weiß. Die Züchter tolerieren ausschließlich helle Abzeichen.

Die Rassestandards des Bolonka

Ein Kennzeichen des Bolonka Zwetna stellt sein lang gestreckter Körperbau dar. Mit einer Widerristhöhe von 24 bis 26 Zentimetern gehört das Tier zu den kleinen Rassen. In der Regel überzeugt der Hund aufgrund seines dichten und lockigen Fells. Die ausgeprägte Unterwolle sorgt dafür, dass der Pelz üppig und glänzend wirkt. Ein wesentliches Merkmal existiert in Form des fehlenden Scheitels auf dem Rücken. In dem Bereich teilen sich die Haare nicht. Stattdessen wachsen sie in dicken Locken, die große Ringel bilden.

Der Bolonka zeichnet sich durch sehr verschiedene Haarkeider aus. Es gibt Ihn mit dickeren Haaren, aber auch mit Locken oder mit sehr glatten Fell.

Der Bolonka kommt in unterschiedlichen Farbvariationen vor, wobei Weiß als Unifarbe zwar als unerwünscht gilt, Liebhaber und Züchter aber auch oft reinweisse Hunde wollen.

Die Ohren des Bolonka Zwetna sind hoch auf dem mittelgroßen Schädel angesetzt. Sie hängen auf dem Knorpel. Dunkel, rund und von mittlerer Größe sind die Augen des kleinen Hundes.

Der Rassestandard der Bolonki Zwetna formuliert das gewünschte Äußere der Tiere. Im November 2010 beschrieb die Russische Kynologische Föderation in einer Veröffentlichung die typischen Merkmale der Hunde. Das Hauptaugenmerk liegt neben ihrem Charakter auf dem Augenmerk ein Schosshündchen zu züchten.

Die RKF kennzeichnet sie als ausgeglichene und anhängliche Hunde. Mitunter kommt ihr lebhaftes Temperament in einem aufregenden Spiel zur Geltung. Zuchtrichter achten auf einen harmonisch wirkenden Leib sowie auf die kräftigen Fellfarben der Bolonki. Ihre Haare sind dick und üppig. Sie umspielen ihre angenehm modellierten Gesichter.

Auf die Weise stellt der Hund eine niedliche Erscheinung dar. Er erinnert leicht an einen Shih-Tzu oder einen kleinen Pudel.

Die Eckdaten der Rasse-Beschreibung:

- Größe: Widerristhöhe bis 26 Zentimeter,
- Länge: die Größe plus 15 Prozent,
- Gewicht: drei bis vier Kilogramm,
- Körperbau: klein und lang gestreckt,
- Gesichtsausdruck: aufgrund großer Augen niedlich,
- Farbe: bunt, kein reines Weiß, keine Schecken,
- Fell: dick und lang.

In den offiziellen Richtlinien der FCI finden die Proportionen mehrmals Erwähnung. Demnach achten die Züchter auf spezielle Eigenschaften, welche die Rassehunde prägen.

Bei der Schädelform der Hunde stehen der Oberkopf und der Stopp im Vordergrund. Hierbei existiert eine leichte Wölbung des Hauptes, sodass eine abgerundete Form entsteht. Die Bögen der Augenbrauen sind mäßig ausgeprägt. Ebenso ist es um das Hinterhauptbein bestellt. Dennoch wirkt der Stopp kurz und akzentuiert. Bei dem Merkmal handelt es sich um den Stirnansatz der Haustiere, der zwischen der Schädeldecke und dem Nasenbein liegt. Ebenso wie sein Haupt, wirken die Wangen des Bolonka abgerundet. Der kleine Nasenschwamm drängt sich nicht in den Vordergrund und besitzt im Idealfall eine schwarze Farbe. Alternativ gleicht der Körperteil seine Färbung der jeweiligen Fellfarbe der Tiere an. Züchter bevorzugen eine dunkle Nuance. Als wichtig gelten die gut geöffneten Nüstern des Bolonka. Zudem verfügt der Rand der eng anliegenden Lippen über eine bräunliche Färbung.

Der Fang spitzt sich bis zur Nasenspitze zu, wobei er gerade und trocken ist. Auf den ersten Blick wirkt er kurz und speziell an der Basis breit. Einen ähnlichen Effekt weist der Unterkiefer des Hundes auf. Die gesunden Tiere besitzen ein Scherengebiss, bei dem die Zahnspitzen der oberen Schneidezähne vor denen der unteren Zahnreihe liegen. In der Regel akzeptieren die Zuchtrichter einen leichten Vorbiss sowie das Zangengebiss. In jedem Fall sind die Fänge kräftig und weiß. Dabei stecken die Schneidezähne senkrecht im Kiefer.

Zu den äußerlichen Merkmalen des Bolonka Zwetna gehören die dreieckigen Ohren, die an ihren Spitzen eine Rundung aufweisen. Ebenso wie der restliche Körper kennzeichnet sie ein üppiger Behang. Die mittelhoch angesetzten Organe tragen wie die großen Augen mit den Iriden von dunkel- bis hellbrauner Farbe zum niedlichen Gesamteindruck des Hundes bei. Seine Gesichtszüge wirken freundlich und verspielt. Die rundliche Form der Augen trägt zum Kindchenschema bei. Die Lider von fester und schmaler Struktur liegen eng an. Die Färbung ihrer Ränder entspricht der jeweiligen Fellfarbe oder sie zeigt sich schwarz.

Neben den charakteristischen Eigenschaften des Bolonka Zwetna steht seine Haltung im Fokus. Durch seinen sehnigen und mittellangen Hals erhält er eine stolze Attitüde. Von oben betrachtet wirkt der Leib des Haustiers dabei breit und kompakt, wobei der Widerrist ausschließlich über eine leichte Ausprägung verfügt. Der Rücken sowie die obere Profil-Linie des kleinen Hundes sind gerade. Des Weiteren fällt die Kruppe – also der höchste Punkt des Hinterteils – des Bolonka leicht ab. Zusätzlich achten die Züchter in dem Bereich auf eine gut entwickelte Muskulatur. Ähnlich wie die Rückhand des Zwetna sind seine Lenden gewölbt und abgerundet. Ihre mäßige Länge sorgt für die Ausgeglichenheit des Körpers. Der Bauch und die untere Profil-Linie erweisen sich als leicht aufgezogen. Hierbei kommt die elegante Haltung des Bolonka zum Tragen. Die ovale Brust reicht in der Regel bis zu den Ellenbogen. Bei der Wertung einer Hunde-Ausstellung betrachtet der Zuchtrichter die Rute des Bolonka Zwetna. Sie sollte komplett behaart sein und mit ihrer Spitze zwingend seinen Leib berühren.

Bei den Standards der Rasse gilt das ausbalancierte Verhältnis der Gliedmaßen als wichtiger Punkt. Aus dem Grund folgt ein Überblick über die gewünschten Werte. Die Schultern des kleinen Hundes verfügen über einen Winkel von 100 bis 110 Grad und eine ausgeprägte Muskulatur. Zusätzlich steht die Schulterpartie leicht schräg. Die Ellenbogen erweisen sich als gerade. Das bedeutet, dass sie nicht ein- oder ausgedreht wirken. Im Idealfall besitzt der Oberarm der Haustiere die gleiche Länge wie das Schulterblatt. Die Mittelhand steht auf einer Linie mit dem Unterarm. Leicht auseinandergestellt ist sie zwingend gerade. Betrachtest Du den Körperteil von vorn, erscheint er parallel. Die Vorderpfoten des Bolonka Zwetna sind klein, rund und geschlossen. Hierbei steht die gewölbte Form im Mittelpunkt. Die Krallen und die Ballen verfügen über eine dunkle Färbung. In der Hinsicht gleichen sie den Hinterpfoten, die sich als kleiner und ovaler erweisen. Das Kniegelenk des russischen Rassehundes ist laut den Standards abgerundet und ausschließlich moderat gewinkelt. Dagegen ist das kräftige und mäßig lange Sprunggelenk senkrecht. Mittellang und muskulös erscheint der Oberschenkel. Beide Körperteile stehen leicht schräg.

Flüssige und leichtfüßige Bewegungen charakterisieren den Bolonka Zwetna. Gleichzeitig stellt seine elastische Haut ein typisches Merkmal dar. Sie verfügt ebenso wie das Fellkleid über eine starke Pigmentierung. Im Gegensatz zu anderen Rassen besitzt der Bolonka eine feste Hautstruktur, die keine Falten wirft. Das seidige und gesund glänzende Haar ist an jeder Körperstelle gleich lang. Durch die Locken fällt der Pelz schwer nach unten, was bei der Rasse einen gewollten Effekt darstellt. Im Regelfall bevorzugen die Zuchtrichter Bolonki mit großen Locken, wobei sie leichte Wellen gleichermaßen tolerieren. Bei dem Rüden sind die Hoden standardmäßig optimal entwickelt. Sie befinden sich komplett innerhalb des Hodensacks. Jede Abweichung der Maße im Bezug auf das Aussehen oder das Verhalten gilt als Fehler. Hierbei hängt der Grad desselben von der Art der Diskrepanz ab.

Welche Größe erreicht der Bolonka Zwetna?

Bei einer Ausstellung achten die Zuchtrichter speziell auf die Größe der Bolonki Zwetna. In der Regel entscheiden sich die Interessenten bewusst für eine kleine Rasse, da sie diese unkompliziert in den Alltag integrieren. Der Bolonka ist klein und kompakt, was ihn zu einem liebenswerten Begleiter macht. Zusätzlich besteht die Möglichkeit, den Hund aufgrund seiner geringen Ausmaße in vielen Situationen mitzunehmen. Welche Widerristhöhe ein ausgewachsener Vertreter der Zwergrasse erreicht, halten die Standards fest. Seine Höhe darf 26 Zentimeter nicht übersteigen. Jedoch akzeptieren viele Züchter eine Abweichung von bis zu zwei Zentimetern. Erweisen sich die Haustiere kleiner als 20 Zentimeter, gilt der Umstand als Verzwergung. In einigen Fällen führt er zu einem Zuchtausschluss. Ebenso wie beim Gewicht existieren in Bezug auf die Größe keine Unterschiede bei den männlichen und weiblichen Bolonki.

Bei den Rassehunden existiert ein Zusammenhang zwischen beiden Werten. Im Regelfall wiegen die Hunde zwischen drei und vier Kilogramm. Dabei hängt die exakte Kilogrammzahl von der Widerristhöhe der Bolonki ab. Speziell bei von Privatpersonen gehaltenen Tieren weichen die Werte von dem Standard ab. Hierbei erreichen die Hunde oftmals eine Größe von bis zu 28 Zentimetern. Ihr Gewicht liegt in dem Fall bei bis zu sechs Kilogramm. Ein kleiner Bolonka misst beispielsweise 20 Zentimeter. Um ihn gesund zu erhalten, passt sein Besitzer das Gewicht des Hundes an seine Größe an. Ein solches Tier wiegt maximal 1,8 Kilogramm. Sein Idealgewicht bringst Du ohne Schwierigkeiten in Erfahrung. Er besitzt es, wenn Du seine Rippen bei einem mittleren Druck mit den Händen spüren kannst. Zeichnen sich die Knochen deutlich unter dem Fleisch an, braucht das Tier mehr Nahrung. Besteht keine Möglichkeit, den Rippenbogen des Bolonka zu erfühlen, leidet der kleine Hund an einem massiven Übergewicht.

Im Welpenalter der Tiere fällt es schwer, die exakte Größe vorauszuahnen. In der Regel wachsen die Rassehunde in den ersten drei Monaten ihres Lebens schnell. Proportional nehmen sie an Gewicht zu. In der zwölften Lebenswoche wiegen die Bolonki im Normalfall 1,5 Kilogramm. Ihre Ausmaße liegen zwischen 16 und 18 Zentimetern. Die Haustiere entwickeln sich von nun an kontinuierlich, jedoch langsamer als nach der Geburt. Ausgewachsen sind sie ab einem halben Jahr. Der exakte Zeitpunkt variiert. Die Wachstumskurve gilt ab dem Moment als deutlich flacher. Endgültig stoppt die Entwicklung zwischen dem neunten und dem 15. Lebensmonat. Die ideale Größe misst Du amhöchsten Punkt des Rückens. Die niedrige Statur des Bolonka bringt Dir mehrere Vorteile. In einer kleinen Stadtwohnung fühlt er sich wohl. Gleichzeitig transportierst Du ihn problemlos. Der Hund nimmt niemanden einen Platz weg oder bereitet Umstände. Die Rasse gehört zu den Kleinhunden und erscheint belastbar und stark. Aus dem Grund stellen lange Ausflüge oder Hundesport keine Schwierigkeit für den Bolonka dar.

Welche Farbvarianten existieren bei dem Hund?

Das Haarkleid des Bolonka Zwetna besticht aufgrund der seidigen und dichten Struktur. Am gesamten Körper verfügt das Fell über die gleiche Länge, wobei üppige Locken das Gesamtbild prägen. Unterhalb des Deckhaars wächst die gut entwickelte Unterwolle. Bei den Farben existieren kaum Einschränkungen. Jedoch führen weiße oder gescheckte Tiere zu einem Zuchtausschluss. Ausschließlich ein Weißanteil von unter 20 Prozent wird in den offiziellen Verbände toleriert. Ferner stellen kleine Abzeichen auf der Brust oder an den Zehen kein Problem dar. Die Hunde besitzen unterschiedliche Schattierungen, wobei bei jedem Exemplar gleichermaßen die Flecken variieren. Neben den unifarbenen gibt es zwei- und dreifarbige Bolonki. In manchen Fällen wirkt die explizite Bestimmung der Farbe als schwierig, da keine einheitlichen Standards existieren. Zudem verändert sich die Färbung des Bolonka im Laufe seiner Entwicklung. Speziell bei schwarzen Welpen kommt es vor, dass mit zunehmendem Alter eine Aufhellung des Fells erfolgt.

Zu den typischen Nuancen des Haarkleids zählen:

- Havanna-Braun,
- Hellbraun,
- Mahagoni,
- Chocolate,
- Schwarz-Zobel,
- Gold-Brindle,
- Isabell,
- Silver-Shaded,
- Tricolor,
- Hellbeige,
- Schwarz-Weiß,
- Gold-Zobel,
- Lackschwarz,
- Black and Tan sowie
- Grau-Zobel.

Eine spezielle für den Bolonka Zwetna charakteristische Farbe existiert nicht. Die Mehrzahl der Hunde verfügt über eine schwarze Grundfarbe. In diese mischen sich cremefarbene oder weiße Flecken, die Abzeichen. Braune oder schokoladenfarbene Rassehunde sind weit verbreitet, jedoch nicht durchgezüchtet. Ihre Pigmente sind ebenfalls dunkel, wobei eine Aufhellung in den ersten Lebensjahren eine Möglichkeit darstellt. Rote oder goldene Bolonki kommen in diversen Schattierungen vor. Hierbei bildet Mahagoni die dunkelste Variante. Im Gegensatz zur Farbkombination Zobel existieren keine schwarzen Komponenten.

Die im Englischen Sable genannte Färbung erweist sich als beige oder goldene Grundfarbe, wobei dunkle Nuancen an den Haarspitzen auftreten. Vorwiegend der Farbschlag changiert im Laufe des Hundelebens. Die hellbeigen Bolonki bezeichnen die Züchter als blond. Im Regelfall existieren bei ihnen keine dunklen Abzeichen. In einigen Fällen erkennst Du unvollständig entwickelte Pigmente, sodass die Cremetöne variieren.

Die Bezeichnung „Brindle" steht für einen gestreiften Bolonka. Dabei befinden sich die dunklen Schattierungen mehr oder weniger regelmäßig auf dem hellen Deckhaar. Das Muster kommt bei allen Farben – ausgenommen Gold und Rot – der Tiere vor. Bereits nach der Geburt sind die vom Kopf bis zur Schwanzspitze verlaufenden Streifen zu sehen. Die Breite variiert bei den Tieren, die über eine dunkle Maske verfügen. Das bedeutet, dass ihre Gesichter sowie die Ohren von

brauner oder schwarzer Farbe sind. Ähnlich erscheinen die Pfoten und die Rute. Auf dem Rücken der Bolonki erkennst Du den Aalstrich. In der Regel gelten „Black and Tan" und „Tricolor" als Synonyme. Der erste Begriff weist vorwiegend auf einen schwarzen Bolonka mit goldenen Abzeichen hin. Sie erscheinen an den Beinen, am Hinterteil sowie an den Augen. In manchen Fällen besitzen die Bolonki eine komplett helle Maske. Mischen sich zusätzlich weiße Flecken in das Haarkleid, handelt es sich um die Nuance Tricolor.

Speziell die dreifarbigen Vertreter beweisen, dass der Bolonka Zwetna zu den Vielfarbenrassen gehören. Einen interessanten Aspekt stellt die Bildung der unterschiedlichen Färbungen dar. Die verschiedenen Töne entstehen aus zwei Pigmentstoffen. Dazu gehört das Eumelanin. Es sorgt für die schwarzen Komponenten ebenso wie das gelb-rote Phäomelanin.

Abhängig davon, ob einer oder beide Stoffe in der Haarstruktur eingelagert sind, variiert die Fellfarbe. Existiert ausschließlich ein Pigmentstoff in den Haarzellen, handelt es sich um unifarbene Tiere. Sie bilden den Phänotyp der Bolonki. Kommen Anteile der jeweils anderen Pigmentierung hinzu, erfolgt die Ausbildung der diversen Genotypen. Der Begriff schließt die bicoloren Hunde ein. Mutationen sorgen für Modifikationen in der Farbgebung. Demnach erweisen sich sämtliche Basisfarben als variabel.

Passt der Bolonka Zwetna zu Dir?

Der anhängliche und verschmuste Bolonka bevorzugt den engen Kontakt zu seiner Familie. Obgleich seines geringen Pflegeaufwands, beansprucht er viel von Deiner Zeit. Vorwiegend praktische Aspekte entscheiden, in welchem Alter das Tier zu Dir stößt und welchem Geschlecht es angehört.

Welche Charaktere passen zusammen?

Ein Bolonka Zwetna ist Dir ein treuer Begleiter im Alltag. Mit einer Lebenserwartung von 15 Jahren bleibt er eine lange Zeit an Deiner Seite. Passen die Charaktere von Hund und Halter zusammen, entsteht eine innige Beziehung, in der Vertrauen und Loyalität herrschen. Die treuen Bolonki suchen die Nähe ihrer Familie, weshalb das Tier sich für einen Besitzer mit ausreichend Zeit eignet. Die von ihm benötigte Aufmerksamkeit und Fürsorge macht es dem Interessenten für dieses Tier zur Pflicht, den zeitlichen Aufwand vor der Anschaffung zu bedenken. Charakterlich gehört der Bolonka zu den verspielten und familienbezogenen Hunden. Als verschmuster Begleiter bevorzugt er die Streicheleinheiten, fordert sie aber nicht vehement ein. Stattdessen hält er sich zurück und erwartet Deine Handlungen. Der Bolonka Zwetna wirkt auf fremde Menschen auf den ersten Blick reserviert. Bei einem Kennenlernen offenbart er seine liebenswerten Wesenszüge, zu denen die Folgsamkeit zählt.

Widmest Du dem Bolonka ausreichend Zeit, drängt er sich selten in den Vordergrund. Schmuse-Einheiten fördern seine geistige Gesundheit. Aus dem Grund bedarf der Hund einer liebevollen und aufmerksamen Umgebung. Der sensible Bolonka bemerkt eine Missstimmung in seinem „Rudel" schnell. Schimpfst Du mit ihm oder ignorierst ihn, hält er Abstand und leidet still. Für ein angenehmes Zusammenleben von Mensch und Tier, stellen ähnliche Charakterzüge einen wesentlichen Faktor dar. Hältst Du Dir einen Bolonka Zwetna, lohnt es sich, geduldig und aufmerksam zu sein sowie Gemütlichkeit mit Agilität zu verbinden. Das bedeutet, dass sich der Hund speziell für aktive Besitzer, die lange Spaziergänge bevorzugen, eignet.
Ein ernstes Herrchen oder Frauchen findet in ihm keinen exzellenten Gefährten.

16

Als verspieltes Haustier braucht er ausreichend Zuwendung und Beschäftigung sowie Menschen, die, wie er, Lebensfreude ausstrahlen.

Ein typisches Merkmal des Haustiers stellt seine Harmoniebedürftigkeit dar. Unfriede wirkt sich direkt auf den Seelenfrieden des Bolonka Zwetna aus. Demnach lebt der kleine Hund vorwiegend bei ausgeglichenen und lebensfrohen Menschen. Zusammengefasst prägen ihn folgende Wesenszüge:

- Treue,
- Charme,
- Freundlichkeit,
- Lebenslust,
- Intelligenz,
- Verspieltheit,
- Anhänglichkeit
- und Anschmiegsamkeit.

Die Besonderheiten des Bolonka Zwetna

Der kleine Rassehund erfreut seinen Besitzer regelmäßig mit seinen positiven Eigenschaften. Vorwiegend seine liebenswerte und agile Art macht ihn zu einem angenehmen Familienhund, der sich problemlos in den Alltag seines „Rudels" integriert. Das pflegeleichte Haustier haart wenig bis kaum. Aufgrund seiner geringen Größe fühlt sich der Bolonka Zwetna auch in kleinen Wohnungen wohl. Seinen Auslauf erhält der Hund in einem Garten oder während eines ausgiebigen Spaziergangs. Einen wesentlichen Charakterzug stellt die Intelligenz des Tieres dar. Tricks und Kunststücke lernt es spielerisch, wobei es versucht, Herrchen und Frauchen zu gefallen. Dementsprechend neigen die Bolonki in der Regel nicht zu Ungehorsam. Den Gewohnheiten seiner Besitzer passt sich der Hund ohne Schwierigkeiten an. Er ist ihm ein angenehmer Begleiter und Gefährte. Die Züchterin Claudia Knorr bezeichnet das Haustier laut einem Online-Fokus-Artikel vom 12.06.2015 aufgrund seines umgänglichen Wesens als leicht zu lenken.

Des Weiteren erklärt eine zweite Sachverständige – die Züchterin Susanne Schild aus Waren – dass der Bolonka für alle Altersstufen eine passende Rasse darstellt. Kinder und Senioren kommen gleichermaßen gut mit der Haltung des Tiers zurecht. Ebenso passen die Hunde ihren Bewegungsdrang den Bedürfnissen des Besitzers an. Sie finden an einer spannenden Fahrradtour und regelmäßigen Ausflügen Gefallen. Gewöhnst Du ihnen ein bequemes Leben mit kleinen Gassirunden und verstärkten Streicheleinheiten an, geben sie sich gleichermaßen damit zufrieden. Die anhänglichen Bolonka Zwetna gehören nicht zu den Kläffern. Allerdings brauchen sie den stetigen Kontakt zu ihrer Familie. Bleiben sie über einen längeren Zeitraum allein, kommt es im schlimmsten Fall zu einer depressiven Störung.

Warum haart der Bolonka Zwetna nicht?

Beim Bolonka Zwetna existiert kein saisonaler Haarwechsel. Die Haare des Hundes wachsen stetig nach. Dabei besteht die Besonderheit darin, dass abgestorbene Härchen in dem dichten Fell verbleiben. Indem Du es regelmäßig auskämmst, verhinderst Du ein Verfilzen des Haarkleides. Versäumst Du die Pflege, verkommen die üppigen Locken des Haustiers zu einem verknoteten Fell. Bei den Bolonki steht es Dir frei, es lang oder kurz zu halten. Mit einer Schermaschine gelingt das Kürzen der dicken Haare ohne Schwierigkeiten. Dazu solltest Du wissen, dass das Schneiden die Struktur des Fells verändert. Eine gewellte Haarpracht verwandelt sich unter Umständen in richtige Locken.

Leidest Du an einer Tierhaarallergie, rät der Arzt von der Haltung eines Haustiers ab. Jedoch eignet sich der Bolonka Zwetna besser als andere Hunde für Allergiker, da er im Vergleich zu anderen Arten wenig haart. Die ausfallenden Härchen bleiben in dem Fellkleid, sodass sie nicht durch die Luft fliegen. Erst mit dem Ausbürsten entfernst Du sie. Das Tier verteilt dadurch weniger Allergene und belastet seinen Halter in einem geringeren Ausmaß. Bei stark haarenden Hunden spüren die erkrankten Menschen folgende Symptome:

- Husten,
- Schnupfen,
- Niesen,
- brennende und tränende Augen,
- Juckreiz,
- Ausschlag auf der Haut
- sowie Kopfschmerzen.

Bei der Haltung des Hundes treten die Merkmale der Unverträglichkeit ausschließlich geringfügig auf. In der Regel hängt deren Ausmaß vom Immunsystem der Betroffenen ab. Es existiert keine Garantie, dass der Bolonka Zwetna keine Überempfindlichkeit hervorruft. Hierbei empfehlen die Züchter, einen Allergietest bei dem behandelnden HNO-Arzt anzufordern. Bei den Hunden befinden sich die Allergene nicht im Fell. Sie entstehen in den Hautschuppen und dem Speichel der Tiere.

Von dort gelangen die Fremdkörper in die Haarpartikel und verteilen sich beim Ausfallen des Fells. Speichel und Haare des Welpen verändern sich im Laufe seines Lebens. Deshalb bleibt ein Restrisiko für eine allergische Reaktion zu einem späteren Zeitpunkt bestehen. Um die unangenehme Überraschung zu vermeiden, kannst Du Deine Reaktion auf den Hund testen, indem Du vor dem Kauf einen Bolonka Zwetna über mehrere Wochen zur Pflege aufnimmst.

Der Bolonka in der Wohnung – was gibt es zu beachten?

Vorwiegend Kleinhunde wie der Bolonka Zwetna eignen sich für die Wohnungshaltung, weil sie in der Regel weniger Auslauf benötigen. Das Tier passt seinen Bewegungsdrang an die Gewohnheiten seiner Familie an. Aus dem Grund sind die Haustiere leistungsstarke Begleiter für Sportler und angenehme Schmusepartner für gemütliche Personen. Gewährst Du den Bolonki einen engen sozialen Kontakt, geben sie sich mit wenig Raum zufrieden. Sie freuen sich jedoch über eine ausreichende Beschäftigung. Dazu eignen sich beispielsweise Spaziergänge, die eine bis zwei Stunden andauern sowie Spiele innerhalb der eigenen vier Wände.

Kleine Wohnungen stellen für den Bolonka Zwetna kein Problem dar, sofern das Tier einen separaten Schlaf- und Fressplatz erhält. Hunde sind Raubtiere und besitzen deren Instinkte. Daher benötigt der Bolonka sein eigenes Revier, das er in der Regel eifersüchtig verteidigt. Im Normalfall reicht ein gemütliches Körbchen aus, um die Bedürfnisse des Haustiers zu erfüllen. Aufgrund seiner positiven

Eigenschaften ist es für die Wohnungshaltung prädestiniert, was folgende Aspekte belegen:

- Der Bolonka verfügt über einen ausgeglichenen Charakter,
- bellt selten und
- braucht wenig Auslauf, sofern die Erziehung darauf abzielt.

Der Rassehund zählt zu den duldsamen Haustieren, von denen speziell Anfänger profitieren. Des Weiteren stellt der geringe Pflegeaufwand einen Vorteil für die Wohnungshaltung dar. Die Tiere haaren wenig, sodass sich das Fell nicht in der Wohnung verteilt. Es bewährt es sich, das Zuhause hundegerecht einzurichten. Auf dem Boden liegende Gegenstände fallen beispielsweise als störende Hindernisse auf. Bolonki benötigen freie Flächen, um sich problemlos zu bewegen. Stehen in der Wohnung Möbel und Dekorationsstücke eng zusammen, stößt der Hund versehentlich dagegen. Dabei kommt es unter Umständen zu einer Verletzung oder zerstörtem Zierrat. Um das zu vermeiden, lohnt sich eine ausgedehnte „Spielwiese" für den Bolonka Zwetna.

Fühlt sich das Haustier in der Wohnung wohl, benimmt es sich gesittet. Neben der Bewegungsfreiheit zu Hause spielt das Treppenhaus eine Rolle. Der Bolonka verfügt über ausreichend Ausdauer, um mehrere Stufen zu bewältigen. Jedoch bedeutet der Aufstieg vorwiegend für die Welpen erhebliche Anstrengung. Hierbei erweist sich die geringe Größe der Tiere als Vorteil, da Du sie ohne Umstände auf den Arm nehmen kannst. Nach einem langen Spaziergang bewährt es sich, den Bolonka Zwetna zu tragen, um zusätzliche Belastungen zu vermeiden. Jedoch solltest Du dem Haustier das Treppensteigen nicht regelmäßig ersparen, da es sich an den bequemen Weg gewöhnt.

Welche Kosten kommen auf den Bolonka-Halter zu?

Die Anschaffung eines Bolonka Zwetna bedeutet eine große Verantwortung, die nicht nur aus der artgerechten Haltung resultiert. Ebenso müssen die Eigentümer des Hundes die regelmäßigen Kosten, die er verursacht, decken. Bereits der Welpenpreis schlägt mit 1.000 bis 2.000 Euro zu Buche. Das Alter der Tiere stellt ein wesentliches Kriterium dar, sodass Du einen ausgewachsenen Bolonka Zwetna zu einem günstigeren Preis erhältst. In der Regel liegen die Anschaffungskosten bei über 800 Euro. Erwirbst Du das neue Haustier von einem Züchter, solltest Du mit einem Preis von bis zu 3.500 Euro rechnen. Hierbei kommt es auf die Ausgaben des Zwingerbesitzers an, da sie den Endpreis beeinflussen. Zusätzlich benötigen die verspielten Bolonki eine qualitativ hochwertige Erstausstattung. Dazu gehören beispielsweise ein Halsband, die Leine, Spielzeug und eine Tragebox. Abhängig von den gekauften Produkten kommst Du hierbei auf einen Betrag von 200 bis 500 Euro.

Speziell eine Kombination aus Führstrick und Halsband erleichtert das Spazieren-

gehen mit dem Bolonka Zwetna. Die hochwertigen, aus Leder gefertigten Artikel beginnen bei einem Preis von zehn Euro. Günstigere Alternativen bilden Leinen aus Kunststoff, deren Fasern der Hund aber mit seinen Zähnen durchtrennen kann. Verstellbare Halsbänder wachsen mit dem Tier mit und verursachen einmalige Kosten.

Du erhältst sie in Onlineshops für 15 bis 20 Euro. Ein Hundebett oder ein bequemes Körbchen kosten zwischen 25 und 30 Euro. Speziell die Körbe bestehen aus hochwertigem Rattan, den die Tiere nicht zerbeißen. Da sie an dem Material nagen, stehen Produkte mit natürlicher Beschichtung im Fokus. Lacke oder Farben auf dem Korb sind tabu. Eine hundefreundliche Alternative stellen die Bettchen aus Plüsch dar. Ist es verschmutzt, kommt das Hundebett in die Waschmaschine.

Damit Dein Bolonka nicht auf seinen Schlafplatz verzichten muss, gehören zwingend zwei Körbchen zur Erstausstattung. Zudem genießen die Tiere das Spiel in einer Hundehöhle, die aus dem Bett und einer Überdachung besteht. Geräumige Modelle kosten 40 bis 50 Euro. Des Weiteren benötigt der Rassehund mehrere Decken sowie separate Handtücher, um ihn nach dem Baden zu trocknen. Säuberst Du das Haustier nicht in der Badewanne, brauchst Du eine kleinere Hundewanne, die ebenfalls um die 50 Euro kostet. Der Preis für die Hundebürsten liegt bei zehn bis 15 Euro. Um den Bolonka Zwetna zu beschäftigen, eignen sich Kauspielzeuge aus Leder oder Büffelhaut. Ein Knochen schlägt abhängig von seiner Größe mit zehn bis 20 Euro zu Buche. Bälle bekommst Du in einem praktischen Set bereits ab fünf Euro. Des Weiteren sollten bei Dir Näpfe aus Keramik oder Edelstahl auf der Einkaufsliste stehen. Du brauchst jeweils zwei Garnituren mit drei Schälchen für Wasser, Trocken- und Nassfutter. Hochwertige Hundenäpfe befinden sich ebenfalls in einem Preissegment von zehn bis 20 Euro. Zusätzlich fällt jedes Jahr die Hundesteuer an. Sie beträgt im Normalfall 80 bis 120 Euro. Entscheidest Du Dich für, eine Versicherung, kommen die regelmäßig anfallenden Beiträge hinzu. Sie decken das Risiko ab, falls bei dem Spielen mit dem Hund ein Wertgegenstand zu Bruch geht. Zusammen mit den benötigten Impfungen erreichen die Halter der Bolonki eine jährliche Ausgabe von weiteren 100 Euro.

Neben diesen Fixkosten brauchen die Tiere Trocken- und Nassfutter. Die Nahrung für einen Monat liegt im Schnitt bei einem Preis von 40 Euro. Zudem bewährt es sich, zusätzliche Ausgaben einzuplanen. Dazu zählt beispielsweise ein Besuch beim Tierarzt. Bereits eine Routinebehandlung kann zu Kosten im zwei- bis dreistelligen Bereich führen. In einem Jahr verursacht der Bolonka Zwetna einen Kostenaufwand von 700 bis 1.000 Euro. Den Umstand plant Du als zukünftiger Hundebesitzer vor dem Kauf ein. Es ist relevant, zu eruieren, ob Du den Betrag über die gesamte Lebensspanne des Bolonka Zwetna aufbringst. Die aufgeführten Kosten entsprechen dem Stand von Mai 2016 und können variieren.

Wie viel Zeit benötigt der Bolonka Zwetna?

Aufgrund seiner Stellung als ein vollwertiges Familienmitglied verdient der Bolonka Zwetna Zuwendung und Aufmerksamkeit. Deshalb empfiehlt es sich, vor dem Kauf über den Zeitaufwand, den der Hund mit sich bringt, nachzudenken. Die Tiere bevorzugen den stetigen Kontakt zu ihrer Familie. Alleine sind sie ungern, sodass es sich nicht empfiehlt, sie sich selbst zu überlassen. In der Regel bleiben die Hunde längstens bis zu drei Stunden am Stück ohne Gesellschaft, vorausgesetzt, der Halter gewöhnte seinen Bolonka frühzeitig daran.

Bereits im Welpenalter bringst Du Deinem Hund behutsam bei, allein in den eigenen vier Wänden zu bleiben. Versäumst Du das Training, beginnt das Haustier nach wenigen Minuten zu kläffen. Gleichzeitig besteht das Risiko der Vereinsamung. Das bedeutet, dass der Rassehund aufgrund der vermeintlichen Missachtung zu Depressionen neigt. Die Möglichkeit, dass der Hund seinen Besitzer zu seinem Arbeitsplatz begleitet, ist nicht bei jedem Beruf gegeben. Daher passt der Bolonka Zwetna hauptsächlich zu Personen, die halbtags arbeiten oder in Rente sind.

Neben der Anhänglichkeit des Bolonka Zwetna spielt der Pflegeaufwand eine tragende Rolle. Zwei- bis dreimal in der Woche braucht das Haustier eine intensive Fellpflege. Abhängig vom Temperament des Tiers nimmt die Aktion einen Zeitraum zwischen 30 Minuten bis zu einer Stunde ein. Befindet sich der Rassehund im Freien, gelangen Schmutz und Gräser in die lockigen Haare. Um ein Festsitzen des Unrats zu vermeiden, benötigt der kleine Hund ein wöchentliches Bad. Geht der Bolonka nicht oft nach draußen, reicht eine Säuberung, die alle vierzehn Tage stattfindet. Im Regelfall nimmt die Pflege ebenfalls eine Stunde in Anspruch.

Des Weiteren benötigt das Haustier tägliche Bewegung und Beschäftigung. An einem Tag sollten die Halter eineinhalb bis zwei Stunden für einen Spaziergang einzuplanen. Die Tour deckt den Bewegungsdrang der agilen Hunde in der Regel nicht vollkommen. Um ihre Energie auszupowern, spielen die Bolonki mit Vorliebe Bällchenfangen oder üben Tricks ein. Für den Zeitvertreib und die Streicheleinheiten benötigst Du täglich eine weitere Stunde Zeit. Gestattest Du es dem Haustier, lässt es sich stundenlang herzen und kraulen. Demzufolge stellt der Bolonka vorrangig für Besitzer, denen ausreichend Freizeit zur Verfügung steht, eine Option dar. Lebst Du nach einem strikten Terminkalender, der ausschließlich kurze Besuche zu Hause zulässt, sind die Bolonki keine passenden Begleiter für Dich.

Wie versteht sich der bunte Bolonka mit Kindern?

Das Wesen des Bolonka Zwetna ist freundlich und kinderlieb und ein Zusammenleben mit Kindern daher problemlos. Mit seiner duldsamen und ruhigen Art versucht er, seinen Besitzern zu gefallen. Ferner zeigt er Manieren. Frühzeitig sozialisiert, schnappt das Tier selbst bei einem wilden Spiel nicht nach den Händen oder Füßen der Kinder. Jedoch gehören die Bolonki zu den kleinen Haustieren. Obgleich ihres kompakten Äußeren ist ihr Knochenbau zierlich, sodass eine grobe Behandlung den Hund verletzt. Vorwiegend junge Kinder neigen dazu, den kleinen Bolonka als williges Spielzeug zu betrachten. Um ein ungestörtes Zusammenleben von Mensch und Tier zu ermöglichen, lässt Du ihn nicht mit ihnen allein. Ab einem Alter von zehn Jahren sind Kinder vernünftig genug, das Wohl des Haustiers zu beachten. In dem Fall erscheint der Bolonka als angenehmer Familienhund, der mit Vorliebe die Gesellschaft der Kleinen sucht. Von ihnen erhält er im Regelfall dauerhafte Streicheleinheiten, die sein Bedürfnis nach Zärtlichkeit befriedigen.

Verträgt sich der Bolonka mit anderen Tieren?

Der Bolonka Zwetna eignet sich ohne Schwierigkeiten als Zweithund. Mit seinem verträglichen Wesen kommt er gleichermaßen mit anderen Hunden oder einer Katze zurecht. Nach einer Sozialisierung integriert sich das Tier in den Alltag seiner Familie und passt sich den jeweiligen Gewohnheiten an. In der Regel verhalten sich die Bolonka ruhig und geduldig. Der Kontakt zu einem weiteren Hund bringt die positiven Eigenschaften der Rasse zur Geltung. Das führt dazu, dass der Bolonka Zwetna seinen Artgenossen aufgrund seines duldsamen Charakters beruhigt. Abhängig von der Erziehung des Tiers akzeptiert es die herrschende Rangordnung in der Familie. Ein dominantes Gebaren fällt bei dem Bolonka Zwetna selten auf.

Welpe oder ausgewachsener Hund – Wer passt in die Familie?

Eine Vielzahl der Interessenten denkt bei einem Hundekauf an einen niedlichen Welpen. Die jungen Bolonki bringen mehrere Vorteile mit sich. Neben ihrem liebenswerten Aussehen besteht bei den Jungtieren die Möglichkeit, sie nach eigenem Ermessen zu erziehen. Während des Aufwachsens kannst Du beobachten, wie sich der Charakter des Hundes entwickelt. Auf die einzelnen Wesenszüge nimmst Du erzieherisch Einfluss, sodass sich zwischen Mensch und Tier eine besondere Beziehung heranbildet. Zudem besteht bei einem jungen Bolonka Zwetna die Option, aufkommende Unarten im Keim zu ersticken. Eine frühzeitige und konsequente Sozialisation ermöglicht die problemlose Haltung des Hundes. Es kommt darauf an, bereits im Welpenalter Regeln festzuhalten und diese gleichzeitig streng und liebevoll durchzusetzen.

Mit einem Welpen holst Du Dir einen putzigen Begleiter ins Haus. Der kleine Rassehund passt sich in jungen Jahren an Deinen Alltag an, sodass er sich ohne Schwierigkeiten in die Familie integriert. Halter eines jungen Bolonka Zwetna kennen in der Regel dessen Herkunft und Abstammung. Auf diese Weise verringert sich das Risiko, unangenehme Überraschungen – beispielsweise schlechte Angewohnheiten – zu erleben. Jedoch bringt der Welpe nicht ausschließlich Spaß mit sich. Seine Erziehung bedeutet einen hohen Zeitaufwand und Arbeit, weil das Jungtier noch keine grundlegenden Befehle kennt.

Aus dem Grund kannst Du von ihm keinen sofortigen Gehorsam erwarten, sondern musst ihm diesen antrainieren. Abhängig vom Naturell des Haustiers erweist sich die Erziehung mehr oder weniger anstrengend. Die Bolonki versuchen, Wohlwollen hervorzurufen, sodass sie Kommandos im Normalfall schnell erlernen.

Dennoch erfordert der Prozess vorwiegend bei Welpen regelmäßiges Üben und Geduld. Des Weiteren durchlaufen junge Hunde ihre „Rüpelphase", in der sie sich ausprobieren und zu einem wilden Verhalten neigen. Im Vergleich zu anderen Rassen benimmt sich der Bolonka Zwetna während dieses Lebensabschnitts manierlich. Es besteht weiterhin die Möglichkeit, dass er im Laufe des Aufwachsens Unarten annimmt. Um das zu vermeiden, achten die Besitzer auf eine konsequente Sozialisation und eine stetige Erziehung.

Wünschen sich die Interessenten einen erzogenen und ausgeglichenen Hund, kommen sie mit einem ausgewachsenen Bolonka auf ihre Kosten. Im Gegensatz zu den Jungtieren erweisen sich ältere Exemplare als ruhig und folgsam. Stammt das Tier aus einer artgerechten Haltung, kennt es die Grundlagen der relevanten Kommandos. Zudem sind die erwachsenen Bolonki stubenrein, sodass keine Unreinheiten innerhalb der Wohnung drohen. Vorwiegend für ältere Menschen oder Personen mit Gehbehinderungen stellt ein ruhiger „Althund" eine gute Alternative dar. Der Bewegungsdrang der Bolonki hält sich mit zunehmenden Lebensjahren in Grenzen. Stattdessen bevorzugen sie es, mit ihren Besitzern zu kuscheln oder zu dösen. Obgleich ein ausgewachsener Bolonka Zwetna Vorteile bringt, gibt es gleichermaßen negative Punkte zu beachten.

Kennst Du die Vergangenheit des Hundes nicht, besteht das Risiko, sich ein schlecht erzogenes Tier ins Haus zu holen. Beispielsweise verfügt es über unerwünschte Angewohnheiten, die das Zusammenleben erschweren. Möglicherweise kläfft der Bolonka, ist unrein oder verhält sich aggressiv. Die vorherige Haltung beeinflusst das Benehmen des Tieres. Um unangenehme Überraschungen zu vermeiden, können sich die Halter über frühere Besitzer informieren. Behandelten diese den Hund liebevoll und geduldig? Leidet das Haustier an Ängsten, die aufgrund schlechter Erfahrungen resultieren? In jedem Fall bewährt es sich, den Bolonka einem Tierarzt vorzustellen. Der Veterinär erkennt gesundheitliche Probleme des Hundes und weist auf chronische Krankheiten oder vorhandene Verletzungen hin.

Unerwünschte Angewohnheiten und Macken treibst Du einem erwachsenen Hund ausschließlich unter Mühen aus. In der Regel steht der Charakter des Haustiers fest, sodass den neuen Besitzern einzig die Möglichkeit bleibt, die Eigenheiten zu akzeptieren. Es empfiehlt sich, die Vor- und Nachteile eines jungen sowie eines älteren Rassehundes vor der Anschaffung abzuwägen. In jedem Fall solltest Du hinter dem Kauf des Tiers stehen. Das bedeutet, dass Du den Bolonka Zwetna als Begleiter wertschätzt, statt ihn als Belustigung für die Kinder zu erwerben. Sie verlieren unter Umständen das Interesse an dem Hund, sodass er ohne ihre Pflege vereinsamt. Aus dem Grund hängt die Entscheidung, welcher Rassehund in das Haus kommt, von der gesamten Familie ab. Gleichermaßen ist es notwendig, sich über das Alter des Haustiers zu einigen, damit der Hund die Akzeptanz der Besitzer erlangt. Spürt er die Missachtung eines Familienmitglieds, wirkt sich der Umstand negativ auf seine Psyche aus.

Hündin oder Rüde – gibt es charakterliche Unterschiede?

Im Regelfall hängt das Wesen eines Hundes von seiner Entwicklung und der Abstammung ab. Daher verfügt jedes Tier über einen individuellen Charakter. Einen prinzipiellen Unterschied zwischen männlichen und weiblichen Bolonki gibt es im Bezug auf die Verträglichkeit und dem Temperament nicht. Rüden überzeugen gleichermaßen wie Hündinnen durch ihre ruhige Art, die Anhänglichkeit und die Formbarkeit. Ebenso existieren kaum Unterschiede beim Gewicht und der Größe. Der Bewegungsdrang hängt vom Wesen des Hundes und seiner Erziehung ab. Daher spielen bei der Wahl des Rassehundes vorwiegend praktische Aspekte eine Rolle.

Hältst Du Dir als Single einen Bolonka Zwetna, erweist sich das andere Geschlecht oftmals als bessere Wahl. Wie bei vielen Tieren existiert bei ihnen eine Rangordnung, die sich speziell auf den eigenen Sexus bezieht. Eine Hündin versucht vorwiegend, ihre Stellung als Alphatier in Gesellschaft einer Besitzerin zu behaupten. Lebt ein Bolonka Zwetna allein mit einem Mann, neigt vorrangig der Rüde zu einem rebellischen Verhalten. Hält sich das männliche Geschlecht eine Hündin, kommt es in der Regel nicht zu einem Willenskampf. Stattdessen himmelt das Haustier seinen Halter an und versucht auf die Weise, seine unerschütterliche Zuneigung zu erhalten.

Ähnlich verhält es sich mit einer Frau, die einen Rüden besitzt. Der männliche Bolonka entwickelt seiner Eigentümerin gegenüber einen ausgeprägten Beschützerinstinkt. Auch in dem Fall bleiben Rangkämpfe zwischen Mensch und Tier in der Regel aus. Es lohnt sich nicht, eine Hündin zu halten, wenn in der Nachbarschaft ausschließlich maskuline Artgenossen wohnen.
Diese spüren die halbjährig auftretende Hitze des weiblichen Tiers und reagieren mit einem liebestollen Verhalten. Reviermarkierungen vor der Haustür gehören ebenso zu den Merkmalen wie lang anhaltende Heulkonzerte, in denen die Männchen nach der Angebeteten heulen. Speziell die Läufigkeit der Hündinnen stellt ein wichtiges Kriterium bei der Entscheidung des Geschlechts dar. Jedes halbe Jahr tritt das Phänomen beim Bolonka auf. Hierbei bemerkst Du, dass sich Dein Zwetna launenhaft verhält. Gleichzeitig reagieren die Hunde aus der Umgebung auf die Fortpflanzungsbereitschaft des Bolonka-Weibchens. Damit dieses keinen unerwünschten Nachwuchs bekommt, bewährt es sich, es zu einem frühestmöglichen Zeitpunkt kastrieren zu lassen.

Bei männlichen Bolonki ist die Pflege ihres Intimbereiches intensiver. Aufgrund der langen Locken gelingt es den Hunden nicht immer, das Bein während des Urinierens weit genug zu heben. Im schlimmsten Fall gelangt der Harn auf das Fell am Bauch, sodass er einen unangenehmen Geruch verströmt.

Hierbei dämmt regelmäßiges Baden olfaktorische Störungen ein. Alternativ bewährt es sich, das Bauchfell des Haustiers kurz zu halten. Rüden neigen in der Regel zu einem stärkeren Territorialverhalten als ihre weiblichen Artgenossen. Dabei benimmt sich der Bolonka Zwetna im Gegensatz zu anderen Rassen weitgehend manierlich. Dennoch markieren sie ihr Revier. Innerhalb der Wohnung kommt es in der anfänglichen Phase der Erziehung zu feuchten Flecken. Um sich für ein Geschlecht der farbigen Rassehunde zu entscheiden, lohnt sich die Überlegung über den sozialen Kontakt der Tiere. Besitzen Nachbarn oder Freunde einen Hund, den der Bolonka Zwetna häufig trifft? In dem Fall bewährt es sich, das gleiche Geschlecht für das eigene Haustier zu wählen. Auf die Weise beugst Du einer ungewollten Trächtigkeit des weiblichen Bolonka vor. Sind beide Tiere kastriert, stellt die Gleichgeschlechtlichkeit dennoch einen Vorteil dar.

Der Bolonka kommt ins Haus

Bevor Du Dir Deinen auserwählten Bolonka Zwetna ins Haus holst, solltest Du Dein Heim für seine Ankunft vorbereiten. Die Grundausstattung für die Haltung benötigst Du, bevor du den Hund beim Züchter abholst. Mit einem für einen Welpen sicheren Heim und einem ungefährlichen Garten bietest Du ihm ein angenehmes Leben.

Was gibt es beim Kauf des Hundes zu beachten?

Interessierst Du Dich für den Kauf eines Bolonka Zwetna, gibt es spezielle Punkte zu beachten. Stammt das ausgesuchte Tier aus ordentlichen Verhältnissen? Um das herauszufinden, solltest Du den Züchter und seinen Zwinger näher in Augenschein nehmen. Ein seriöser Händler lädt interessierte Kunden in sein Zuhause ein, um ihnen die Bolonki vorzustellen. Das bietet Dir die Gelegenheit, die Umgebung des Welpen zu analysieren. Wächst der Hund mit Geschwistern oder mehreren Würfen auf? Letzteres wirft kein gutes Licht auf den Züchter. Vorwiegend Verkäufer, die unterschiedliche Rassen anbieten und sie gemeinsam halten, interessieren sich oftmals mehr für den Profit als für die Hunde.

Zusätzlich ist es ratsam, dem Zwingerbesitzer Fragen über seine Bolonki zu stellen. Kennt er die Eigenarten der Rasse, setzt er sich intensiv mit den Haustieren auseinander. In einem Vorgespräch kannst Du Dich informieren, ob die Jungtiere entwurmt und geimpft sind. In der Regel erfolgt die erste Entwurmung zwischen der achten und zehnten Lebenswoche. Bei einer Impfung kommt es auf den gesundheitlichen Zustand des Hundes an. Manche Welpen leiden in den ersten Lebenswochen an Schwächen, welche die Wirkung einer Schutzimpfung beeinträchtigen. Deshalb verzichten Züchter auf die medizinische Maßnahme. Die zukünftigen Halter der Hunde holen dies zu einem späteren Termin nach.

Zudem gibt der Händler Auskunft über das Alter der Hunde. Erst ab der zwölften Lebenswoche trennt ein seriöser Zwingerbesitzer die Jungtiere von der Hündin. Geschieht das früher, drohen bei den Bolonki Trennungsängste, die zu starken Verhaltensstörungen ausarten können. Zusätzlich erhalten die Haustiere im ersten Vierteljahr ihres Lebens einen Teil der Sozialisierung. Durch den Kontakt zur Mutter und den Geschwistern prägt sich das Sozialverhalten der kleinen Rassehunde. Deshalb verzichtest Du besser auf Geschäfte mit einem Verkäufer, der zu junge Welpen anbietet. Des Weiteren gilt es, auf das Benehmen der Bolonki zu achten. Sind sie gesund und psychisch normal entwickelt, kommen sie eigenständig auf neue Besucher zu, um sie interessiert zu beschnuppern. Bemerkst Du, dass sich die Jungtiere ängstlich benehmen, empfiehlt es sich, von einem Kauf Abstand zu nehmen. Ähnlich verhält es sich, wenn die Bolonki kränklich wirken oder sichtbare Defizite wie verfilztes Fell oder Parasiten aufweisen.

Wie erfolgt die Auswahl des Züchters?

Die Elterntiere und das Umfeld im Zwinger des Züchters beeinflussen die Entwicklung des Bolonka-Welpen. Bereits in den ersten Lebenswochen eignen sich die kleinen Hunde unter Umständen negative Eigenschaften an, die das Zusammenleben mit ihnen beeinträchtigen. Es empfiehlt sich, den Züchter sorgsam auszuwählen. Der Begriff ist nicht geschützt, sodass sich jeder, der die Rassehunde aufzieht, als solcher bezeichnen darf. Es fällt schwer, seriöse Zwingerbesitzer von unseriösen zu unterscheiden. Kaufst Du Deinen Bolonka Zwetna in einem Hundehandel, besteht die Gefahr, das Tier eines ausschließlich kommerziell interessierten Verkäufers zu erwerben. Diese legen oftmals wenig Wert auf das Wohl der Hunde. Stattdessen steht bei ihnen ein hoher Gewinn im Vordergrund. Häufig kaufen sie die kleinen Tiere billig ein und sparen an den Verpflegungskosten, um die Marge zu erhöhen. Speziell unseriöse Züchter werben damit, die Hündinnen bei jeder Hitze zu decken. In der Folge gebären die Haustiere regelmäßig Welpen, welche die Zwingerbesitzer teuer verkaufen.

Die weiblichen Bolonki leiden bei der Prozedur. Sie magern aufgrund der vielen Schwangerschaften schnell ab. Zudem besteht das Risiko, dass unprofessionelle Händler die Jungtiere zu früh von der Mutter trennen. Sie sparen auf die Weise Ernährungs- und Unterhaltskosten. Die jungen Hunde gelangen zu mehreren Zwischenhändlern, sodass sie kein Vertrauen zu den Menschen aufbauen. Die Folge ist ein Prägungsdefizit, das im schlimmsten Fall zu einer Verhaltensauffälligkeit der Tiere führt.

Zudem kommt es vorwiegend in großen Zwingern zu einer Massenhaltung der Bolonki. Durch den engen Kontakt der Hunde verbreiten sich Krankheitserreger schnell. Sie leiden in dessen Folge an Infektionen oder chronischen Erkrankungen. Zusätzlich erhalten sie bei unseriösen Haltern keine Impfungen.

Leiden bereits die Elterntiere an einer Krankheit, geht diese auf die Welpen über. Der Spaß an dem Haustier vergeht den Käufern aufgrund von regelmäßigen Tierarztbesuchen und horrenden Kosten schnell. Darum rentiert es sich auf lange Sicht, bei Interesse an einem Bolonka direkt einen renommierten Züchter zu konsultieren. Bei ihm profitieren die Jungtiere von einer artgerechten Aufzucht. Somit entwickeln sie einen wesensfesten und selbstsicheren Charakter. Das Erkennen eines guten Züchters fällt nicht immer leicht, da unprofessionelle Verkäufer einen großen Aufwand betreiben, um vertrauenswürdig zu wirken.

Deshalb solltest Du auf das Verhalten und die Umgebung des Zwingerbesitzers achten. Einen soliden Händler erkennst Du daran, dass die Welpen während des Aufwachsens von einem engen Familienanschluss profitieren. Sie scheuen den Kontakt mit Menschen nicht und nähern sich neugierig. Nicht jeder Hund gehört zu den Abenteurern, sodass ein anfänglich schüchternes Verhalten keinen Fehler darstellt. Bleibt der Bolonka Zwetna über einen langen Zeitraum ängstlich oder aggressiv, sollte Dich der Umstand stutzig machen.

In einem seriösen Zwinger integriert der Besitzer die Hündin, die ihre Welpen aufzieht, in seinen Alltag. Demnach sollte sie sich nicht abgeschottet in einem dunklen Raum befinden, wenn Du Dir die Jungtiere ansiehst.
Weiterhin gilt es, das Benehmen der Bolonki im Auge zu behalten. Besteht zwischen ihnen und dem Züchter ein vertrauensvolles Verhältnis? Behandelt er seine Schützlinge gut?

Ist das so, zeigen sich die kleinen Bolonki kontaktfreudig, wobei keine Aggressionen gegeneinander auftreten. Insgesamt macht der Hundebestand bei einem professionellen Verkäufer einen ordentlichen und gepflegten Eindruck.

Der gesamte Zwinger erweist sich als sauber, sodass die Tiere in einem angenehmen Umfeld leben. Bemerkst Du Parasiten oder groben Schmutz, steht eine unseriöse Zucht zu befürchten. Ein würdiger Züchter wünscht sich, seine Welpen in gute Hände zu geben. Demnach nimmt er sich Zeit für Deine Fragen und interessiert sich gleichzeitig für Dich und Deine Lebensumstände. Befragt Dich der Verkäufer über eine längere Zeit, stellt die Handlung daher keine Impertinenz dar. Vielmehr versucht er, ein Gefühl für Deine Wünsche zu bekommen und danach den richtigen Hund auszuwählen.

Oftmals stehen die Händler den Käufern nach Abschluss der Verhandlungen beratend zur Seite. Ist er ein Mitglied in einem Zuchtverband, zeigt er Dir auf Deinen Wunsch hin die Zuchtbestimmungen. Auf die Weise erkennst Du, ob es sich um einen glaubwürdigen Verkäufer handelt.

Der professionelle Züchter klärt Dich über bereits durchgeführte Impfungen und Entwurmungen auf. Zusätzlich gibt er Auskunft über die Pflege, die der Bolonka Zwetna benötigt. Bereits vor dem Kauf solltest Du auf Einsicht in den Hundepass sowie den Impfausweis des Haustiers bestehen. Fehlen die Papiere, kommen im schlimmsten Fall unangenehme Überraschungen nach dem Geschäftsabschluss auf Dich zu. Daher profitierst Du von Vereinbarungen mit seriösen Händlern, denen das Wohlergehen ihrer Schützlinge am Herzen liegt. Renommierte Zuchtvereine findest Du beispielsweise über Empfehlungen oder Webseiten im Internet. Zudem existieren mehrere Zuchtadressen auf dem Portal des Verbands Deutscher Hundezüchter.

Entscheidest Du Dich für einen Verkäufer und vereinbarst ein Gespräch, solltest Du dafür mehrere Stunden einplanen. Innerhalb weniger Minuten erhältst Du keinen Eindruck von den Welpen und ihren individuellen Eigenschaften. Aus dem Grund veranschlagt ein professioneller Verkäufer von sich aus einen Termin, der längere Zeit andauert. Er zeigt Dir den Zwinger und stellt Dir die Jungtiere sowie im besten Fall deren Eltern vor. Somit machst Du Dir ein Bild von der Abstammung der Hunde. Bei manchen Händlern besteht die Möglichkeit, das Muttertier Gassi zu führen, um sein Wesen zu ergründen. Erweist sich die Hündin ebenso wie ihre Welpen als neugierig und aufgeschlossen, gilt ihr Verhalten als gesund und normal. Entscheidest Du Dich für den Kauf eines Bolonka Zwetna, gibt Dir ein schriftlicher Kaufvertrag Sicherheit.

Mündliche Vereinbarungen erhalten Gültigkeit, lassen sich im Streitfall aber nicht nachweisen. Ein Tipp: Hüte Dich vor Händlern, die ausschließlich auf mündliche Einigungen bestehen. In dem Fall besteht das Risiko einer unseriösen Zucht oder eines Betrugs.

Zusätzlich bringen renommierte Verkäufer Sondervereinbarungen in den Vertrag ein. Geht der Züchter auf Deine Wünsche und Bedürfnisse ein, erweist er sich als professionell. Er nimmt zwingend auf das Wohl der Tiere Rücksicht, indem er die Welpen nicht zu früh von ihrer Mutter trennt. Erst ab der 12. Lebenswoche kommt das Jungtier zu seinen neuen Besitzern. Mit dem Alter besitzt es eine erste Sozialisation und den relevanten Impfschutz. Versucht der Verkäufer, einen jungen Hund früher abzugeben, solltest Du von dem Kauf Abstand nehmen.

Ebenso kommt es darauf an, Mitleidskäufe zu vermeiden. Tiere aus einer schlechten Zucht leiden beispielsweise an Verhaltensstörungen oder ernsten Krankheiten. Aus dem Grund bewährt es sich, den traurigen Hundeaugen zu widerstehen und von dem Erwerb abzusehen. Ein anfälliger Hund bedeutet für die Familie ausschließlich Stress und hohe Kosten. Um dem Bolonka Zwetna ein sorgenfreies Leben zu sichern, lohnt es sich, auf einen Welpen aus einer seriösen Zucht zu warten. Halten sich die Verkäufer an die strengen Auflagen des VDH, bildet das die Grundlage für einen festen Charakter der kleinen Rassehunde.

Wie erkennst Du einen gesunden Hund?

Finden die Käufer einen Welpen, den sie in ihr Herz schließen, informieren sie sich über deren Gesundheitszustand. Es bewährt sich, die Merkmale eines gut entwickelten Jungtiers zu erkennen. Zu dem Zweck kannst Du den kleinen Bolonka Zwetna auf den Arm nehmen, um seinen Körperbau zu betrachten. Verhält er sich nicht ängstlich oder aggressiv, scheint alles in Ordnung zu sein. Den ersten Eindruck prägen das gepflegte Fell sowie das Gewicht des Haustiers. In einem seriösen Zuchtverein arbeiten die Händler ausschließlich mit qualitativ hochwertiger Nahrung. Sie sorgt dafür, dass die Welpen zunehmen, an Stärke gewinnen und ein glänzendes Haarkleid besitzen. Fühlst Du die Rippen des Rassehundes, gilt er als abgemagert. Das deutet auf eine Qualzucht hin, sodass Du die geschäftlichen Beziehungen beenden solltest. Bei einem gesunden Welpen spürst Du die Knochen des Tiers ausschließlich mit einem leichten Druck der Finger. Weiterhin siehst Du Dir das Fell des auserwählten Haustiers an. In den Haaren befinden sich im besten Fall keine Knötchen oder Verfilzungen. Zudem trägt der Bolonka ein sauberes und gepflegtes Haarkleid. Um einen Befall mit Parasiten zu erkennen, kannst Du die Haare des Hundes teilen, um auf seine Haut zu sehen. Siehst Du kleine, schwarze Pünktchen, leidet der Wurf unter einem Flohbefall, der auf eine minderwertige Hygiene hinweist.

Des Weiteren erkennst Du den Gesundheitszustand eines Welpen an seinen Augen und den Ohren. Die Pupillen des Hundes sind im Normalfall klar und der Blick aufmerksam. In den Augenwinkeln solltest Du keine Ablagerungen oder Ausflüsse erkennen. Vorwiegend eine bräunlich-gelbe Flüssigkeit, die aus dem inneren Augenwinkel tropft, weist auf eine Erkrankung hin.

Die Ohren der Rassehunde sind sauber sowie frei von Schädlingen und Schorf. Schwarze Pünktchen in den Ohrmuscheln deuten auf Milben hin. Sie beeinträchtigen im schlimmsten Fall den Gesundheitszustand der Hunde. Untersuchst Du den Bolonka Zwetna spielerisch, lässt er sich Deine Berührungen gefallen. Zusätzlich freut er sich über Streicheleinheiten, welche die Prüfung auflockern und den Hund beruhigen. Die Pfoten der Welpen sollten ebenfalls sauber und verletzungsfrei sein. Den Zustand der Krallen erkennst Du mit einem Blick. Sind sie eingewachsen, bereitet dies dem Hund Schmerzen und führt gleichzeitig zu Entzündungen, aus denen Infektionen resultieren. Aufgeregte und fröhliche Welpen wedeln mit ihrer Rute.

Das Zeichen deutet ebenfalls auf einen aufgeweckten Bolonka Zwetna hin. In das Maul der Haustiere zu schauen, liegt nicht immer im Bereich des Möglichen. Weiße und kräftige Zähne deuten auf ein gesundes Tier hin. Siehst Du die Fänge des bunten Hundes nicht, bleibt Dir die Option, auf seinen Duft zu achten. Eitrige Gerüche weisen auf Erkrankungen oder Entzündungen hin. Demnach sollte ein Hund aus einem professionellen Zwinger ausschließlich seinen Eigengeruch besitzen.

Das Rechtliche beim Hundekauf

Schließt Du ein Geschäft mit dem Züchter ab, unterschreiben beide Parteien den schriftlichen Vertrag. Daher ist es wichtig, auf das Schriftstück und die gewünschten Sondervereinbarungen zu bestehen sowie das Dokument gründlich zu lesen. Es enthält zwingend den Kaufpreis für den Welpen. Bei einem professionellen Händler liegt er zwischen 1.000 und 2.000 Euro. Verlangt der Verkäufer mehr als 3.000 Euro für den kleinen Bolonka Zwetna, handelt es sich um einen Wucherpreis. Er kommt beispielsweise zustande, wenn die Tiere Medikamente brauchen oder bereits mehrere medizinische Untersuchungen stattfanden. Um keinem Betrüger zu erliegen, kannst Du Dir die Gründe für den Preis erklären lassen. Findet der Züchter keine Antwort, solltest Du die Verhandlungen abbrechen.

Chronische Erkrankungen des Hundes sorgen dafür, dass er Tabletten oder regelmäßige Spritzen benötigt. Die medizinischen Maßnahmen treiben den Kaufpreis in die Höhe. Die Fixkosten kommen beim Zusammenleben mit dem Bolonka Zwetna auf Dich zu. Aus dem Grund solltest Du überlegen, ob Du die finanzielle Verantwortung langfristig übernehmen möchtest. Mit einem gesunden Welpen hast Du im Normalfall mehr Vergnügen und profitierst von einem günstigeren Unterhalt. Daher gilt auch in diesem Punkt, von einem Mitleidskauf abzusehen. Bietet Dir der Züchter seinen Schützling für unter 1.000 Euro an, solltest Du ebenfalls stutzig werden. Nahrungsmittel, Entwurmungen, Impfungen und allgemeine Untersuchungen erfordern ein beträchtliches Budget. Mit dem Kaufpreis versucht der Händler, einen Teil seiner Kosten zu decken. Deshalb kommt die Frage auf, warum ein günstig zu erwerbender Welpe zu den niedrigen Konditionen zu verkaufen ist. Beispielsweise fehlen dem Tier Impfungen oder die erste Entwurmung. Im schlimmsten Fall sparte der Zwingerbesitzer an den Futterkosten für den Bolonka Zwetna. In der Folge leiden die Hunde an einer Unter- oder Mangelernährung. Auf lange Sicht treten gesundheitliche Komplikationen auf, die das Zusammenleben mit ihm beeinträchtigen.

Zusätzlich hält der Vertrag die Transpondernummer des Welpen fest. Bei einem seriösen Verkäufer bekommt jedes Jungtier einen Chip oder alternativ eine Tätowierung mit einer individuellen Nummer. Entläuft der Hund, fällt es mit der Ziffernfolge leicht, ihm seinen Besitzer zuzuordnen. Daher lohnt es sich, die Chip-Nummer bei Vereinen wie TASSO eintragen zu lassen. Bei der Einrichtung handelt es sich um eine Website, die sich auf die Registrierung von Haustieren konzentriert. Mit einer Beschreibung oder einem Foto tragen die Halter ihre

Hunde und Katzen ein und geben die persönliche ID-Nummer an. In einem Vertrag ermöglichen es die Ziffern, das Tier dem Schriftstück zweifellos zuzuweisen. Anderenfalls besteht die Möglichkeit, dass ein zwielichtiger Händler mit Dir eine Vereinbarung für einen Bolonka Zwetna trifft, Dir jedoch einen anderen verkauft. Besitzt der Welpe weder Chip noch Tattoo, dokumentiert die schriftliche Vereinbarung seine individuellen Merkmale.

Du solltest darauf achten, dass die Beschreibung innerhalb des Gutachtens auf die unverkennbaren Eigenheiten des Hundes eingeht. Beispielsweise gehören eine spezielle Fellzeichnung, Male oder auf den ersten Blick zu entdeckende Wesenszüge dazu. Des Weiteren sollte in dem Beleg stehen, dass der Verkäufer sein Jungtier bei Schwierigkeiten zurücknimmt. Unvorhergesehene Komplikationen führen unter Umständen dazu, dass Du den kleinen Hund nicht behalten kannst.

In dem Fall bewährt es sich, zu wissen, wo er unterkommt. Professionelle Züchter bieten die Rücknahme an, da ihnen das Wohl ihrer Tiere am Herzen liegt. Weiterhin halten sie in der schriftlichen Vereinbarung Besuchszeiten fest. Während der Visiten überzeugen sie sich von der guten Unterbringung der Hunde. Gleichzeitig ergibt sich für Dich die Gelegenheit, um Rat oder Unterstützung zu bitten.

Neben dem Vertrag achtest Du auf die Übergabe der anderen wichtigen Unterlagen. Dazu zählt das Gesundheitszeugnis des Hundes. In dem Dokument stehen beispielsweise bei ihm diagnostizierte Erbkrankheiten. Ebenso benötigst Du den Impfpass des Haustiers, um die „Krankengeschichte" nachzuvollziehen. In ihm vermerkt der zuständige Veterinär folgende Impfungen:

- Staupe,
- Hepatitis,
- Tollwut,
- Leptospirose sowie
- Parvovirose.

Den Grund für fehlende Schutzimpfungen des Bolonka Zwetna solltest Du in Erfahrung bringen. Greift ein Infekt das Immunsystem der Tiere an, sehen die Tierärzte vorerst vom Impfen ab. Jedoch lohnt es sich, die Maßnahme bei der nächsten Gelegenheit durchzuführen. Gleichzeitig übergibt Dir der Händler den Hundepass, in dem – wie bereits im Vertrag – die Abstammung des Welpen steht. Zusätzlich beinhaltet das Schriftstück die exakte Identifizierung der Rasse. Du vermeidest spätere Ungereimtheiten, indem Du die Besonderheiten der Elterntiere dokumentierst. Hierzu gehören spezielle Fellfarben oder Charakterzüge, die bei einer Zucht Einfluss nehmen. Vom Kauf eines Bolonka Zwetna ohne gültige Papiere solltest Du absehen, da ihre Vergangenheit in der Regel ungeklärt ist. Zudem stammen die Haustiere eventuell aus einer Qualzucht, die Du mit dem Kauf unterstützt.

Was braucht der Bolonka-Haushalt?

Bereits vor der Abholung des Hundes benötigst Du die wichtige Grundausstattung, um ihm ein angenehmes Leben zu bieten. Im Vorfeld solltest Du mit dem Züchter Rücksprache halten, um Fehlkäufe zu vermeiden. Renommierte Händler geben Dir grundlegende Utensilien für die Welpenpflege mit auf den Weg. Sie sind im Kaufpreis enthalten, sodass Du keine zusätzlichen Kosten befürchten musst. Alternativ empfiehlt Dir der Verkäufer Produkte, die sich für die Fellpflege oder die Beschäftigung des Bolonka Zwetna eignen. Damit sich der kleine Hund in seinem neuen Heim wohlfühlt, benötigt er ein gemütliches Körbchen. Eine Hundehöhle nimmt Dein Bolonka gerne als beliebten Rückzugsort an. Konstruktionen aus Korb sind den neugierigen Rassehunden in der Regel nicht gewachsen.

Mit ihren scharfen Zähnen trennen die Bolonki das Geflecht auf, sodass spitze Stöckchen herausragen. Sie verfangen sich in ihren Haaren oder geraten in ihre empfindlichen Augen. Mit festen Artikeln aus Kunststoff verminderst Du das Risiko, dass sich Dein Bolonka verletzt. Pflegeleicht sind Modelle aus Plüsch. Schmutz und Ausflüsse verschwinden problemlos, wenn Du das Körbchen in die Waschmaschine steckst.

Des Weiteren brauchst Du eine Transportbox, um den Bolonka in Bus und Bahn mitzunehmen. Die Produkte aus Plastik erweisen sich als beißfest. Versuche, auszubrechen, beispielsweise, wenn ein Besuch beim Tierarzt ansteht, erstickt das feste Material im Keim. Du solltest dennoch auf ein verschließbares Gitter achten. Hakst Du die Tür der Box lediglich ein, drückt sich der Bolonka Zwetna unter Umständen dagegen.

Obgleich er wenig wiegt, reicht seine Kraft aus, um sich aus seinem schützenden Behältnis zu befreien. In dem Fall tollt der kleine Hund durch den fahrenden Wagen und sorgt für Unruhe im Straßenverkehr. Weiterhin gehören Futter- und Wassernäpfe zur Grundausstattung eines Bolonka Zwetna.

Artikel aus Edelstahl trägt der neue Hausbewohner aufgrund ihrer Schwere nicht herum oder wirft sie um. Zudem hält die glatte Beschichtung den Fängen des Rassehundes stand.

Speziell Schüsseln aus Metall oder Keramik stellen eine gute Wahl dar. Eine feste Leine benötigst Du, um den Bolonka Gassi zu führen. Ebenso wie das Halsband gehört sie zu der grundlegenden Ausstattung bei der Hundehaltung. Bei einer Vorführleine profitierst Du von einer Verbindung zwischen Führstrick und Halsband. Daran befindet sich die Steuermarke des Bolonka Zwetna.

Ein zusätzliches Etui mit den Adressdaten des Hundes ermöglicht es Passanten, das beispielsweise entlaufene Tier zu seinen Besitzern zu bringen.

Die Kombination legst Du Deinem Bolonka ausschließlich beim Spazierengehen an. Innerhalb der Wohnung benötigt der Hund in der Regel kein Halsband. Speziell bei der langhaarigen Rasse sorgt das eng sitzende Leder um den Hals für Verfilzungen im Fell und hinter den Ohren. Interessierst Du Dich dennoch für ein Halsband, sollte dieses aus hochwertigem atmungsaktivem Leder bestehen. Durch das natürliche Material sammelt sich kein Schweiß am Hals des Hundes. Vorwiegend eignen sich Artikel, die mit dem Jungtier mitwachsen. Damit ersparst Du Dir den Kauf neuer Produkte.

Gleichzeitig ermöglichen verstellbare Ösen, Halsband und Leine den individuellen Bedürfnissen des Welpen anzupassen. Aufgrund seines lockigen Fells braucht der kleine Rassehund ausreichend Pflege. Um Verfilzungen vorzubeugen, solltest Du mindestens zwei Hundebürsten beschaffen. Eine Naturhaarbürste eignet sich, um lose Härchen aus dem Haarkleid zu entfernen. Des Weiteren steht eine feste Drahtbürste ohne Abrundungen auf der Einkaufsliste. Mit ihren spitzen Zinken kämmst Du problemlos Knötchen aus dem Fellkleid Deines Haustiers. Weiterhin sollten zwei Metallkämme zur Grundausstattung gehören. Zusätzlich nützt ein Flohkamm, um die Parasiten und ihre Nissen bei einem Befall aus dem Haar zu entfernen.
Jede Umstellung bedeutet für einen Welpen Stress, der schnell zu einer gesundheitlichen Komplikation führt. Aus dem Grund solltest Du den Bolonka Zwetna nicht überfordern. Bietest Du ihm sein bekanntes Futter an, fühlt sich der Hund im neuen Heim wohl. Gleichermaßen beruhigt sich auf die Weise der empfindliche Magen des Tiers. In der Regel beugst Du damit Durchfällen und Blähungen vor. Bereits nach der Ankunft des Haustiers musst Du damit rechnen, dass es sich erleichtert. Demnach benötigst Du frühzeitig Plastiktüten, um die Haufen vom Bürgersteig zu entfernen. Zusätzlich stellen Reinigungsmittel einen wichtigen Faktor dar. Vorwiegend in den ersten Stunden ist der kleine Bolonka aufgeregt. Aufgrund der neuen Umgebung zeigt er sich nervös, sodass Stressreaktionen eintreten. Dazu gehört beispielsweise plötzliches Urinieren. Um die Pfützen zu entfernen, brauchst Du Tücher sowie stark riechende Seife. Letztere ist wichtig, um den Geruch zu überdecken. Benutzt Du diese nicht, bringt der Welpe den Duft erneut mit der „Hundetoilette" in Verbindung und löst sich dauerhaft in der Wohnung.

Zur Beschäftigung Deines Haustiers benötigst Du artgerechtes Hundespielzeug. Kratzer und Schrammen auf der Hundehaut vermeidest Du, indem Du auf spitze und scharfkantige Gegenstände verzichtest. An den gefährlichen Utensilien verletzt sich das Jungtier. Gleichzeitig handelt es sich bei qualitativ hochwertigem Spielzeug um bissfeste Produkte. Mit seinen kleinen Zähnen knabbert der Bolonka Zwetna mit Vorliebe an erreichbaren Dingen.

Beißt er dabei Stückchen heraus, besteht eine ernste Verschluckgefahr. Des Weiteren gelten lackierte Artikel als ungeeignet für neugierige Welpen. Junge Bolonki nagen und lecken an ihrem Spielzeug, sodass die Toxine unter Umständen in den Magen gelangen. In der Folge leiden die Tiere an Durchfall oder Krämpfen. Ebenso verzichtest Du besser auf Spielsachen, die der Bolonka Zwetna leicht herunterschlucken kann. Hierzu zählen kleine Bälle oder Ballons, die schnell platzen. Der Kunststoff setzt sich in dem Darm des Hundes fest und sorgt für eine Verschlingung. Ohne tierärztliche Hilfe führt die gesundheitliche Komplikation zum Tod der Haustiere. Qualitativ hochwertiges Hundespielzeug besteht in der Regel aus:

- Jute,
- Hartholz,
- Nylon,
- Hartgummi und
- festem Stoff.

Speziell die Kauspielsachen des jungen Hundes sollten aus natürlichen Materialien bestehen. Sie umfassen beispielsweise Leder sowie Rinder- und Büffelhaut. Letzteres erfüllt einen gesundheitlichen Nutzen, da es das Gebiss der Hunde reinigt. Zudem stärkt das Knabbern an der Haut die Zähne der Rassehunde. Kaufst Du dem Bolonka Zwetna Bälle, sollten diese auf keinen Fall vollständig in sein Maul passen. Sonst verschluckt der eifrige Hund die vermeintliche Beute. Ähnlich verhält es sich mit Quietschtieren, deren Laute den Jagdtrieb der Bolonka Zwetna wecken. Auf die Weise steigern sich die Bolonki in ein Spiel hinein und beißen das Objekt ihrer Begierde auf. Möchtest Du mit dem Hund das Apportieren üben, stellen ausschließlich Stöcke aus Hartgummi die geeignete Wahl dar. Im Gegensatz zu echten Ästen aus dem Wald lösen sich bei ihnen keine Splitter. Zudem erhältst Du im Internet oder in einem Fachhandel Produkte, deren Größe sich für den kleinen Bolonka Zwetna eignet. Alternativ wählst Du „Bringsel" aus Jute, die ebenfalls sein Gebiss schonen.

Wie bereitest Du Dich auf den Bolonka vor?

Bevor Du den Bolonka Zwetna ins Haus holst, stehen mehrere Vorbereitungen auf dem Plan. Bei einem jungen Hund handelt es sich um ein neugieriges Wesen, das mit Vorliebe Schränke und Schubfächer untersucht. Du solltest in Kindersicherungen investieren, damit sich der Hund nicht verletzt. Gelangt er mit seiner empfindlichen Nase in ein Fach, in dem Scheren oder Messer liegen, besteht die Gefahr, dass er sich schneidet. Giftige und kleine Artikel gehören außerhalb der Reichweite des Rassehundes. Verschluckt dieser Klebeband oder Reißzwecken, entstehen im schlimmsten Fall Blutungen im Magen. Ebenfalls droht eine gefährliche Darmverschlingung, die zu einem Verschluss führt. In der Folge bläht sich der Bauch des Bolonka auf, was ernsthafte Komplikationen nach sich zieht. Vorwiegend Welpen haben ihre Blase nicht unter Kontrolle.

Obgleich sie über eine erste Sozialisierung verfügen, ist ihre Stubenreinheit nicht zu 100 Prozent gewährleistet. Darum ergibt sich die Möglichkeit, dass Pfützen innerhalb der Wohnung entstehen. Es empfiehlt sich, teure Teppiche vor seiner Ankunft zusammenzurollen, damit sich der Hund nicht auf ihnen entleert. Ersetzt Du sie durch günstige Modelle, stellen Ausflüsse des Jungtiers kein Problem dar. Zusätzlich nagen die kleinen Haustiere an Textilien, die sie trotz ihrer geringen Größe erreichen. Decken, kostbare Kissen und Läufer solltest Du aus dem Grund aus dem Haus schaffen, bis sich das Tier eingelebt hat. Des Weiteren bewährt es sich, überhängende Tischdecken durch kurze Alternativen zu ersetzen. Hängt ein Zipfel von der Tischplatte herab, widersteht kaum ein Welpe der Versuchung, daran zu zerren.

So schaffst Du ein welpensicheres Zuhause

Ein kleiner Hund findet in einer neuen Wohnung interessante Dinge, die unter Umständen Risiken bereithalten. Aus dem Grund gilt bei der Haltung eine Faustregel: Was für Kleinkinder Gefahren birgt, schadet auch dem Bolonka Zwetna. Eine Vielzahl von Gegenständen weckt das Interesse eines neugierigen Hundes. Beispielsweise sieht er Vorhänge als willkommenes Spielzeug an. Hängt er sich an den Stoff, reißt er unter Umständen Fetzen davon heraus und droht, sich daran zu verschlucken. Zudem verursachen vorwiegend dünne Textilien schnell einen Würgreiz. Neben den Gardinen eignen sich aus der Sicht des Bolonka Kübel-Pflanzen zum Knabbern und Spielen. Befinden sich die Blumen in leichten Töpfen, fallen sie um und verletzen den Hund. Auf diese Weise gelangt er an die Erde, die er ebenfalls verschlingt. Gesundheitliche Probleme entstehen beim Verzehr von giftigen Pflanzen. Aus dem Grund solltest Du Giftpflanzen – beispielsweise die Engelstrompete – außerhalb der Reichweite des Hundes platzieren.

Stromkabel und Steckdosen bedeuten eine weitere Gefahrenquelle für die Bolonki. Sie beißen in die isolierten Kabel oder berühren mit der Schnauze das Innere des Stromnetzes. Bereits ein Schlag reicht aus, um einem Welpen Schaden zuzufügen. Um dies zu vermeiden, empfiehlt es sich, Kindersicherungen an den jeweiligen Stellen anzubringen. Kabel sowie Verteiler legst Du besser auf erhöhte Plätze, die das Haustier nicht erreicht. Findest Du auf die Schnelle keine geeignete Sicherung, reicht es, die gefährlichen Bereiche hinter größeren Möbelstücken zu verstecken, die der Hund nicht verschieben kann. Kleine Utensilien auf dem Boden hält der Bolonka für Spielzeug und verschluckt sie unter Umständen. Derartige Dinge gehören nicht in seine Reichweite.

Weiterhin braucht der Hund ausreichend freie Flächen zum Spielen. Leichte Gegenstände, die schnell umfallen, solltest Du in abgeschlossenen Zimmern verstauen. Auf die Weise sorgst Du für ein sicheres Zuhause Deines verspielten Rassehundes.

Auch der Garten wird welpensicher

Besitzt Du einen Garten, gehört dessen Sicherung zu den Vorbereitungen für die Hundehaltung. Der Bolonka Zwetna ist ein neugieriger Hund, der seine Umgebung mit Begeisterung begutachtet. Damit das Tier nicht eigenständig auf Wanderschaft geht, steht eine Umzäunung des Grundstücks im Mittelpunkt. Lücken gehören sorgsam geflickt. Besitzt Du eine Umrandung, deren Design großzügige Freiräume aufweist, eignet sich ein zusätzlicher Maschendrahtzaun. Diesen spannst Du davor, damit sich der Bolonka nicht durch die Öffnungen zwängt. Für die Pflege der hauseigenen Grünanlage verwenden Gärtner giftige und gefährliche Substanzen. Dazu gehören beispielsweise Pflanzengifte, Frostschutzmittel und Dünger. Frisst der Welpe die Toxine, drohen gesundheitliche Komplikationen. Bewahrst Du sie in verschließbaren Schränken auf, verhinderst Du, dass Dein Bolonka sich mit ihnen Schaden zufügt.

Zudem gehören Werkzeuge wie Harken, Heckenscheren und Sägen unter Verschluss. Erkundet der Welpe einen Geräteschuppen, wirft er die Produkte unter Umständen um. Damit verursachen die Zacken im schlimmsten Fall Verletzungen auf der empfindlichen Hundehaut. Um das zu vermeiden, empfiehlt es sich, die Räume abzuschließen, deren Besuch Du Deinem Haustier verbietest. Ein Gartenschlauch aus Gummi stellt für ein Jungtier ein interessantes Spielzeug dar. Damit der Bolonka keine Stücke aus dem Kunststoff beißt, steht eine Aufhängung für den Schlauch zur Verfügung. Des Weiteren gilt es, Brunnen und Pumpenhäuschen zu verschließen, damit das Tier nicht an die Elektronik gelangt oder ins Wasser fällt.

Wimmelt es in Deinem Garten von stacheligen Hecken und Büschen, verfangen sich die Spitzen in dem dichten Fell des Hundes. Um Deinen Bolonka vor Kratzern auf der Haut zu bewahren, könntest Du die Pflanzen einzäunen. Mögliche Hilfsmittel bilden erneut der Maschendrahtzaun oder ein ähnliches Drahtgeflecht. Liegen Dir spezielle Blumen besonders am Herzen, bewährt es sich, auch diese zu schützen. Schnell erleichtert sich der Hund in das Blumenbeet, sodass die Bepflanzung unter Umständen eingeht. Ein Gartenteich bildet einen Hingucker und oftmals das Zuhause für Wasserpflanzen und Zierfische. Speziell Letztere wecken den Jagdinstinkt Deines Haustiers. Daher sorgt die Abdeckung für den Teich dafür, dass der Hund nicht zur schwimmenden Beute gelangt. Ein einfaches Gitter aus Kunststoff erfüllt seinen Zweck ebenso wie ein Stück Maschendraht.

Wichtige Kauf-Dokumente für den Bolonka Zwetna

Neben dem Impfpass, dem Hundepass und dem Gesundheitszeugnis, erhältst Du vom Züchter den Vertrag, der den Kauf des Hundes legitimiert. Du findest wesentliche Informationen zum Schriftstück bereits in den vorherigen Kapiteln. Im besten Fall schließt Du die Kaufvereinbarung mit einem Züchter oder einer Privatperson schriftlich ab. Auf die Weise kannst Du Dich zu einem späteren Zeitpunkt auf die Beglaubigungen berufen. Eine mündliche Vereinbarung ist ebenfalls ein bindender Vertrag und damit rechtswirksam. Stimmst Du dem zu, bekommst Du später kaum eine Möglichkeit, die Entscheidung zu widerrufen. Zudem fällt es bei mündlichen Zusagen schwer, spezielle Kriterien im Nachhinein zu beweisen.

Beispielsweise verspricht Dir der Züchter eine sterilisierte Hündin, Dir übergibt er eine läufige Vertreterin der Bolonki. Hierbei handelt es sich um einen Vertragsbruch, der bei einer mündlichen Vereinbarung schwer zu beweisen ist. Darum steht speziell bei teuren Hunderassen ein schriftlicher Beleg an erster Stelle. Diese enthält neben der Beschreibung des Tiers eine Zusammenfassung seiner Eigenschaften. Ebenso hält er den Stammbaum des Haustiers fest. Gehört der Züchter zu einem eingetragenen Zuchtverein, solltest Du Dir eine Mitgliedschaft belegen lassen. Somit berufst Du Dich auf die Richtlinien des Verbands. Des Weiteren dokumentiert der Vertrag die Rasse, das Geschlecht und das Alter des erworbenen Welpen. Seine Farbe sowie markante Male helfen, das Jungtier zu identifizieren. Zusätzlich besteht die Möglichkeit, auf eine Ahnentafel zu bestehen. Ein rechtskräftiger Vertrag schließt die gesetzliche Haftung des Verkäufers ein. Auf die Weise behältst Du Dir das Recht vor, einen erkrankten Hund zurückzugeben. Verweigert der Händler jedwede Haftung, empfiehlt es sich, von einem Kauf abzusehen. In dem Fall stimmt mit dem Tier etwas nicht.

Der Bolonka-Welpe zieht ins Haus

Für die Abholung des Bolonka Zwetna solltest Du mit dem Züchter einen Termin vereinbaren. Im Vorfeld lohnen sich mehrere Besuche beim Haustier, damit es sich an Deine Anwesenheit gewöhnt. Zudem besteht die Option, ein Handtuch zum Jungtier und seiner Mutter zu legen. Der Stoff nimmt den Geruch der Hunde an. Bringst Du für den Transport des kleinen Bolonka die geeignete Box mit, legst Du sie mit dem duftenden Textil aus. Somit erinnert der Duft den Rassehund an seine Familie und beruhigt ihn. Als Abholtermin stellt eine frühe Uhrzeit eine gute Wahl dar. Auf die Weise besteht für das Haustier die Möglichkeit, seine neue Umgebung im Hellen zu erkunden. Die Transportbox erfüllt ihren Zweck, wenn Du den Hund per Bahn oder Bus abholst. Bist Du allein mit dem Auto gekommen, gehört das Tier ebenfalls sicher verwahrt, damit es Dich während der Fahrt nicht ablenkt. Nimmst Du zum Termin eine weitere Person mit, darf der Bolonka auf den Schoß des Beifahrers.

Durch die Maßnahme ergibt sich der Vorteil, dass der Hund menschliche Nähe spürt und sich an die Gerüche seiner neuen Familie gewöhnt. Legst Du um Deinen Bolonka Zwetna eine Decke oder das duftende Handtuch, fühlt er sich geborgen. Befürchtest Du eine plötzliche Entleerung des Hundes, eignen sich ältere Handtücher als Schutz vor Flecken.

Der Bolonka Zwetna gehört einer ausgeglichenen Gattung an, sodass er während der Fahrt kaum bellt. Fühlt er sich in Deiner Gegenwart wohl, verschläft er in der Regel den Heimweg. Es ist wichtig, das neue Haustier nach der Ankunft zu wecken und augenblicklich an den „Löse-Ort" zu begleiten. Der Begriff bezeichnet

den Platz, an dem sich das Tier entleeren darf. Liegt er im Garten, legst Du dem Hund im Vorfeld eine Leine an. Die fremde Umgebung könnte ihn dermaßen erschrecken, dass er Dir davonläuft.

Du solltest warten, bis der Hund sich erleichtert und erst danach zurück ins Haus gehen. Die neuen Erfahrungen machen den kleinen Bolonka nervös. Ausflüsse sind daher eine normale Reaktion. Bringst Du ihn an seinen Löse-Ort, sodass er nicht innerhalb der Wohnung uriniert, stellt das einen ersten Schritt zur Stubenreinheit dar.

Die ersten Stunden im neuen Heim

Der Umzug in ein neues Zuhause ist für den Bolonka-Welpen eine aufregende Umstellung. Nach der Fahrt und der ersten Entleerung sucht das Tier Körperkontakt bei den neuen Besitzern. Aufgrund seiner niedrigen Widerristhöhe erreicht der Hund in der Regel vorwiegend die Unterschenkel, um sich daran zu schmiegen. Dabei solltest Du aufpassen, dass Du das Haustier nicht versehentlich trittst. Damit sich der Bolonka schnell an seine Unterkunft gewöhnt, zeigst Du ihm seinen „Welpenplatz". Das Wort bezeichnet den Schlaf- und Fressplatz des jungen Tieres. Am besten planst Du dafür einen separaten und nicht zu stark frequentierten Raum ein. Vorwiegend in der ersten Zeit der Eingewöhnung braucht das Tier Ruhe und wenig Aufregung. Zudem stellt die Übersichtlichkeit des Zimmers ein wichtiges Kriterium dar. In dem Fall gelingt es Dir, das neue Familienmitglied im Auge zu behalten. Sucht das Jungtier in Schränken oder dunklen Ecken ein Versteck, ist sein Verhalten nicht fehlerhaft. Erst, wenn der Hund nach mehreren Tagen noch immer isoliert bleibt, steht eine psychische Störung zu befürchten. In der Regel erkunden Bolonki ihren Platz neugierig. Finden sie dort ihr Körbchen samt dem riechenden Handtuch vor, bringen sie den Duft mit dem Muttertier in Verbindung. Auf die Weise leben sich die Bolonki schneller ein. Des Weiteren stehen die Futter- und Wassernäpfe in der Nähe des Schlafplatzes. Die bekannte Nahrung weckt in dem Hund Erinnerungen, sodass er sich in der neuen Umgebung nicht fürchtet.

Ebenso lenkt das Spielzeug den aufgeregten Bolonka Zwetna von herrschenden Ängsten ab. Verschläft er den Heimweg, besitzt er viel Energie. Diese verbraucht er bei einem Spiel mit den neuen Spielsachen. Allerdings solltest Du das Benehmen nicht voraussetzen. Die Mehrzahl der Welpen brauchen nach ihrer Ankunft Ruhe und Verständnis. Sie suchen die körperliche Nähe ihrer Kontaktperson und verweigern erste Spielversuche.
In einigen Fällen besteht die Möglichkeit, dass das Jungtier an seinem Schlafplatz „weint". Es winselt und jammert laut. Es lohnt sich, den Korb des Hundes neben das eigene Bett zu stellen. Mit einem Griff streichelst Du das unruhige Tier und gibst ihm damit Sicherheit.

Jedoch solltest Du bei einem Klagen des Bolonka Zwetna nicht aufstehen oder ihn in Dein Bett holen. Damit bringst Du die Rangordnung, die der Hund instinktiv erstellt, durcheinander. Schläft er neben Dir, glaubt er, er sei Dir gleichgestellt und damit ein Alpha.
In der Erziehung kommen in dem Fall Schwierigkeiten auf Dich zu. Damit Du Dir keinen vierbeinigen Tyrannen heranziehst, weist Du dem Hund liebevoll seinen Platz zu. Beruhigt sich das Jungtier nach längeren Streicheleinheiten nicht, folgt ein aufregendes Spiel. Mit einem Ball oder einer Kordel kannst Du Deinen Bolonka-Welpen beschäftigen, bis ihn die Erschöpfung packt.

Du bildest die Grundlage für eine erholsame Nachtruhe, wenn Du ihn danach an die frische Luft führst, damit er sich erleichtert.

Holst Du statt eines Welpen einen ausgewachsenen Hund in Dein Heim, ähneln sich die Eingewöhnungs-Rituale. Möglicherweise überfordert die Umstellung auf eine neue Bezugsperson den erwachsenen Bolonka Zwetna. Die Tiere gelten als anhängliche Begleiter, die ihren Halter vergöttern.

Deshalb kann es länger dauern, bis der Bolonka Dich als neues Herrchen annimmt. Bei jungen und älteren Haustieren solltest Du Regeln frühzeitig aufzeigen und durchsetzen.

Geduldig und fürsorglich machst Du dem in der Regel unkomplizierten Hund klar, was Du ihm erlaubst und welche Verbote in der Wohnung existieren. Bei erwachsenen Bolonki findest Du eingeprägte Einheiten, die Du ihnen gewöhnlich nicht mehr abtrainierst. Dir bleibt einzig, seine speziellen Wesenszüge zu akzeptieren.

Stört Dich ein Verhalten, ist es einen Versuch wert, ihn langsam umzuziehen. Dazu benötigst Du viel Geduld. Besteht die Möglichkeit, Kompromisse einzugehen, scheust Du Dich davor besser nicht. Jedoch bist Du in der Wohnung der Alpha. Das erwachsene Tier muss Deine Stellung akzeptieren. Auf die Weise steht einem friedlichen Zusammenleben nichts im Weg.

Den Welpen schließt Du direkt nach seiner Ankunft in den Alltag ein. Besteht Deine Familie aus mehreren Mitgliedern, sollten aber nicht alle gleichzeitig den jungen Hund bestürmen. Nach der aufregenden Anreise reicht es, wenn sie den Bolonka nacheinander kennenlernen und streicheln.

Bleibt das Haustier bei der Behandlung gelassen, funktioniert im besten Fall ein kurzer Spaziergang.

Bemerkst Du, dass sich das Jungtier zurückzieht, akzeptierst Du seine Weigerung. Es ist wichtig, das Verlangen nach Ruhe zu tolerieren und den Raum zu verlassen. Bleibt die Tür einen Spalt offen, hörst Du, wenn der Bolonka Zwetna Laut gibt. Zudem besteht für ihn die Chance, seine Umgebung zu erkunden oder Deine Nähe zu suchen.

Hältst Du den Rassehund als Zweit-Tier, sollten die anderen Haustiere vorerst außerhalb des Zimmers bleiben. Erst nach ein bis zwei Tagen fühlt sich der Bolonka sicher genug, um andere tierische Familienmitglieder kennenzulernen. Das Zusammenleben mit Katzen funktioniert in der Regel problemlos.

Der Hund hat keinen starken Jagdinstinkt, sodass es im Normalfall nicht zu Komplikationen kommt. Erscheint der Bolonka Zwetna unruhig, nimmst Du ihn auf den Arm, um einer Verfolgungsjagd vorzubeugen. Besitzt Du einen weiteren Hund, erfolgt eine ähnliche Maßnahme, sofern das Haustier zu den kleinen Arten gehört. Teilt sich ein größeres Exemplar die Wohnung mit dem Bolonka Zwetna, solltest Du beide Tiere an die Leine nehmen.

Wie wird der Bolonka stubenrein?

Mit ihrer Ankunft sind die wenigsten Welpen der Rasse Bolonka Zwetna stubenrein. Obgleich eine durch den Züchter durchgeführte Früherziehung der Jungtiere besteht, sorgt die Aufregung für eine schwache Blase. Die unbekannte Umgebung führt ebenso zu starker Nervosität wie die fremden Besitzer. Um eine anfängliche Überforderung des Hundes zu vermeiden, kannst Du den Welpenraum überschaubar halten. Es befinden sich nur wenige Möbelstücke in dem Zimmer. Auf die Weise erfolgt die Eingewöhnung schneller. Es fällt Dir damit leicht, den Hund an sein Hundeklo oder wahlweise den Löseplatz zu gewöhnen. Bereits nach der Ankunft im neuen Heim solltest Du mit dem neuen Familienmitglied den Garten aufsuchen, damit es sich erleichtert.

Speziell nach langen Fahrten verspürt der Bolonka Zwetna das Bedürfnis, dringende Geschäfte zu erledigen. In der Regel benötigt er vier- bis fünfmal täglich eine kleine Gassirunde.

Mit zunehmendem Alter verändern sich die Gewohnheiten der Tiere, sodass sie weniger häufig ins Freie müssen. Um das Haustier in den Alltag zu integrieren, erhalten feste Toilettenzeiten Relevanz. Das bedeutet, dass Du Deinen Hund stets zur gleichen Zeit zu einem Spaziergang ausführst

Dadurch entwickelt sich eine Routine, die der Hund, der von Natur aus ein Gewohnheitstier darstellt, annimmt.

In den ersten Tagen mit dem Welpen brauchst Du keinen langen Ausflug einzuplanen. Um neue Eindrücke zu sammeln, bleibt der Bolonka erst einmal an einem Ort. Eine kleine Runde reicht aus, damit sich das Tier an seine Umgebung gewöhnt. Sobald der Hund sich erleichtert, lobst Du ihn ausgiebig. Er bringt die Streicheleinheiten mit dem Gassigehen in Verbindung. Das sorgt dafür, dass er bei seinem Harndrang auf sich aufmerksam macht, um nicht innerhalb der Wohnung zu urinieren. Geschieht dies doch, stellt Schimpfen oder körperliche Gewalt keine geeignete Erziehungsmethode dar. Der Hund versteht nicht, dass seine Notdurft nicht in die eigenen vier Wände gehört. Er verliert aufgrund Deines Verhaltens das Vertrauen zu seiner Familie. Als ratsamer gilt ein klares „Nein", das Du aussprichst, wenn Du das Tier beim Erleichtern ertappst. Du reagierst augenblicklich auf die Missetat des Hundes, da dieser sie schnell vergisst.

#Bereits drei Sekunden nach seinem Fehler, weiß er nicht mehr, warum Du mit ihm schimpfst. Wischst Du die Pfütze weg, ignorierst Du den Bolonka bis zur Beendigung der Arbeit. Die „Strafe" trifft ihn härter als lautes Geschrei oder Schläge, da er sich nach Deiner Aufmerksamkeit sehnt.

In der Regel uriniert der Bolonka Zwetna nicht auf Kommando. Jedoch besteht die Möglichkeit, dem Tier den Gang auf ein Hundepad anzutrainieren. Das Utensil bezeichnet eine Tiertoilette, die in der Wohnung steht. Vermutest Du, dass das Haustier die Notdurft verspürt, schickst Du ihn in den Garten oder auf das Hundeklo. Den Befehl festigst Du bei dem Bolonka Zwetna, wenn Du ihn bei jedem Gassigehen wiederholst. Später reicht es aus, die Anordnung auszusprechen, sobald er sich unruhig verhält. Oftmals erfolgt der Harndrang bei Welpen nach dem Schlafen, dem Fressen und dem Trinken. Kennst Du die gewohnten „Gassizeiten" des Hundes, stellst Du Dich darauf ein.

Damit beugen die Besitzer nassen Flecken auf dem Teppich vor. Wünschst Du, dass der Bolonka ausschließlich draußen uriniert, stellst Du das Hundepad jeden Tag ein wenig näher an die Tür. Er bemerkt, dass er bei einem aufkommenden Drang Richtung Ausgang laufen soll. Sobald sich der Hund das erste Mal selbstständig im Freien erleichtert, erhält er ein ausgiebiges Lob. Schafft es der Bolonka nicht immer rechtzeitig in den Garten, helfen in der ersten Zeit „Hundewindeln". Ohne Schwierigkeiten legst Du sie dem kleinen Haustier an und beugst Schäden innerhalb der Wohnung vor.

Welpengruppe –
der erste Schritt des Bolonka-Welpen zur Sozialisierung

Welpen und Besitzer profitieren gleichermaßen von einer frühen Sozialisierung. Dabei spielt nicht ausschließlich das Verhältnis zum Menschen eine Rolle. Ebenfalls steht das Benehmen anderer Hunden gegenüber im Mittelpunkt. Beim Züchter wächst der Bolonka Zwetna in der Regel mit seinen Geschwistern auf. Ihr Verhalten untereinander bildet die Grundlage für eine gute Sozialisation. Daher ist es ratsam, das Jungtier bis zu seiner zwölften Lebenswoche im Kreis der Familie zu belassen. Holst Du den kleinen Rassehund ab, führst Du die beginnende Sozialisierung ohne Schwierigkeiten fort. Hierbei stellen Welpengruppen einen hilfreichen Faktor dar. Bei der Einrichtung handelt es sich in der Regel um geschlossene Vereine oder Hundeschulen. Sie bieten den Jungtieren einen geschützten Raum, um mit den kleinen Artgenossen in Kontakt zu kommen. Es existiert ein Unterschied zwischen reinrassigen und gemischtrassigen Gruppen. Kompetente Trainer beaufsichtigen die Tiere, die spielerisch ihr Sozialverhalten erlernen. Dabei erkennen die professionellen Fachkräfte, welches Benehmen zu einer Konfliktbewältigung gehört. Beginnen die Haustiere, untereinander zu mobben, schreiten die Mitarbeiter sofort ein, um ernsthafte Verletzungen zu vermeiden.

In jeder sozialen Gruppe gibt es starke und schwächere Mitglieder. Bei Welpen bestehen ähnliche Verhältnisse. Aus dem Grund ist es wichtig, die Interaktion der kleinen Hunde zu beobachten. Beginnen die Tiere, einen schwachen Bolonka zu drangsalieren, greifen die Trainer ein. Sie vermeiden auf die Weise eine Traumatisierung des betroffenen Zwetna. Im besten Fall kümmern sich zwei oder mehr Angestellte um die Hunde. Für Dich besteht die Möglichkeit, eine umfassende Beratung zu erhalten. Du erfährst Einzelheiten über die vierbeinigen Mitglieder der Gruppe. Zudem kommentieren die Mitarbeiter das Welpenspiel und geben nützliche Tipps für die eigene Erziehung.

Die Welpengruppe konzentriert sich auf mehrere Sachverhalte. Dazu zählen:

- das Sozialverhalten,
- die Gesundhaltung der Tiere,
- erste Pflegemaßnahmen sowie
- Hilfe bei Verletzungen.

Speziell für unerfahrene Hundehalter stellt die Einrichtung einen Vorteil dar. Die seriösen Trainer klären anfallende Fragen der Besitzer und unterstützen sie dabei, Missverständnisse aufzuklären. Schaffst Du Dir den Bolonka Zwetna als Ersthund an, helfen die Angestellten beispielsweise bei der Fellpflege.

Sie erläutern die richtigen Pflegetipps und geben brauchbare Ratschläge, um Verfilzungen zu vermeiden.

Balgen sich die Welpen, besteht nicht in jedem Fall eine Gefahr für die Bolonki. Oftmals lernen die Haustiere bereits in der Welpengruppe, wie sie ihre Rangordnung ausfechten. Auf die Weise erhalten die Hunde ihren Platz im Rudel. Des Weiteren konfrontieren viele Institute die Bolonki mit den relevanten Alltagsreizen. Zu ihnen zählen beispielsweise flatternde Tüten und Planen oder Geräusche von elektrischen Geräten. Ebenso besteht die Notwendigkeit, die Haustiere an Jogger und Fahrradfahrer zu gewöhnen. Durch das Verhalten ihrer Artgenossen merken die Hunde, dass die Laute kein Risiko darstellen. Die kontrollierten Bedingungen in der Welpengruppe sorgen für die Sicherheit der Jungtiere. Dir steht es frei, Dich an den Übungen zu beteiligen. Auf die Weise schaffst Du eine starke Vertrauensbasis zwischen Hund und Herrchen beziehungsweise Frauchen.

Kontakt und Prägung – Was ist zu beachten?

Die Prägung der kleinen Bolonki spielt für ihr späteres Leben eine Rolle. Der Züchter übernimmt die ersten beiden Stufen des Prozesses. Sie nennen sich Übergangs- und Prägungsphase. Von der zweiten bis zur vierten Lebenswoche durchlebt das Tier das Übergangsstadium, in dem es seine Umwelt wahrnimmt. Im zweiten Lebensmonat erliegt der Bolonka seinem Entdeckerdrang. Zu diesem Zeitpunkt beginnt die Sozialisierung des Hundes. Der Züchter konfrontiert den Welpen mit unterschiedlichen Gegenständen, damit er die Angst vor dem Unbekannten verliert. Erste Spieleinheiten fördern die Koordination der Rassehunde. Sobald Du den Welpen nach Hause holst, fährst Du mit der Prägung fort, um ihn an seine Umgebung zu gewöhnen.

Zusätzlich führt der enge Kontakt zu Dir zu einer festen Hunde-Herrchen-Beziehung, die Vertrauen und Geborgenheit schafft. Langsam und liebevoll zeigst Du dem Bolonka Zwetna sein Heim, wobei Du ihn nicht mit Reizen überfordern solltest. Nicht alle Welpen verfügen über die gleiche Belastbarkeit, sodass manche Hunde neugieriger reagieren als andere. Hierbei gilt es, den Rückzug des Bolonka zu akzeptieren. Geht er selbstständig auf fremde Gegenstände zu, beschnuppert er sie geduldig und aufmerksam.

Verhinderst Du durch geeignete Maßnahmen, dass Dein Welpe sich verletzt, lernt er sein Zuhause in Ruhe kennen. Ebenso gelassen kommen weitere Familienmitglieder oder Freunde auf den Hund zu. Sie nähern sich ihm am besten langsam und sehen vorerst von Berührungen ab. Zieht sich der Bolonka Zwetna zurück, braucht er Abgeschiedenheit. Geht er schwanzwedelnd auf die Fremden zu, steht einer Streicheleinheit nichts im Weg. Auch hierbei überforderst Du den Bolonka Zwetna nicht und richtest Dich nach seinen Bedürfnissen.

Neben dem Kontakt zu Personen und Gegenständen erhält die Außenprägung eine Bedeutung.

Das tägliche Leben des Bolonka Zwetna spielt sich nicht ausschließlich in der Wohnung ab. Bei einem Spaziergang lernt er unterschiedliche Situationen kennen. Damit er sich nicht erschreckt, bringst Du ihm diese bereits kurz nach seiner Ankunft nahe. Ebenso wie in der Welpengruppe kommt das Tier mit Alltagsgeräuschen und Lärm in Kontakt.

Zusätzlich besitzen verschiedene Spielgeräte den Vorteil, die Bewegungen des Jungtiers zu schulen.

Hierfür eignen sich Welpenwippen oder Tunnel, durch die der Hund kriechen kann. Um einen teuren Kauf der Geräte zu vermeiden, suchst Du bei Bedarf Utensilien aus dem heimischen Garten zusammen. Steine, Sand oder Holz verfügen über unterschiedliche Strukturen, die der Bolonka Zwetna interessiert untersucht.

Unterwegs mit dem Bolonka Zwetna

Der agile Bolonka Zwetna benötigt eine konsequente Sozialisierung, um mit unterschiedlichen Situationen in Berührung zu kommen. Auf die Weise verliert er die Angst vor alltäglichen Geräuschen und fremden Lebewesen. Hundesport fordert von dem Rassehund Ausdauer und Konzentration, sodass er an Agility, Dogdance und Klickertraining mit Vorliebe teilnimmt.

Das erste Mal im Freien

Anfangs noch kurze Spaziergänge und später Tagesausflüge in die Natur eignen sich, um den Bolonka Zwetna nach seinem Einzug in den Familienalltag einzubeziehen. Führst Du ihn an der Leine ins Freie, nimmst Du ihm einen Teil seiner Angst vor den fremden Eindrücken. Die für den Welpen neuen Alltagsgeräusche und ihm nicht bekannte Lebewesen machen ihn nervös. Bei ihrem ersten Spaziergang können die Bolonki nicht unterscheiden, wobei es sich um eine Gefahr handelt. Deshalb reagieren sie auf viele Dinge aufgeregt oder scheu. Besitzt Du einen Garten, hilft es, den Hund vorerst in dem eingezäunten Gelände auszuführen. Auf die Weise gewöhnt er sich an unbekannte Gegebenheiten. Dazu zählen beispielsweise unterschiedliche Untergründe. Bereits ein Kiesweg erweist sich für den jungen Bolonka als interessante Neuerung. Blumen und fliegende Insekten wecken ebenso die Neugierde des Jungtiers. Du solltest damit rechnen, dass es längere Zeit an einer Stelle verharrt und sie ausgiebig untersucht. Schnuppert der Hund an verschiedenen Pflanzen, nimmt er Witterung auf oder prägt sich einen Geruch ein. Versucht er, an dem Grünzeug zu knabbern, besteht Deine Pflicht darin, ihn davon abzuhalten. Manche Pflanzen beinhalten natürliche Gifte, die bei dem Bolonka Zwetna zu Verdauungsproblemen oder Krämpfen führen. Der Verzehr spezieller Käfer sorgt für einen erhöhten Speichelfluss des Hundes. Tiere mit einem empfindlichen Magen neigen zum Erbrechen.

Um gesundheitliche Komplikationen zu vermeiden, behältst Du den Bolonka im Auge, um im Ernstfall einschreiten zu können. Ein Nachmittag im heimischen Garten erleichtert es dem Hund, sich an neue Eindrücke zu gewöhnen. Es fällt ihm dank der Vorübung leichter, sich im Freien, beispielsweise einer Grünanlage, zurechtzufinden.

Ein stark frequentierter Park führt schnell zu einer Überforderung. Es macht keinen Unterschied, ob der Bolonka Zwetna Deinen Garten kennt. Unbekannter Lärm verängstigt ihn und scheucht ihn auf. Zu den fremden Geräuschen gehören:

- lachende oder redende Passanten,
- fahrende und hupende Autos,
- klingelnde Fahrräder,
- andere Hunde
- und elektronische Gartenwerkzeuge wie ein Laubgebläse.

Der erste Ausflug führt Dich mit Deinem Bolonka Zwetna in eine ruhige Umgebung. Hierfür eignen sich Waldlichtungen, abgeschiedene Wiesen, Feldwege oder eine wenig frequentierte Parkanlage. In einigen Städten existieren Hundeparks, deren Gelände sich für das Training im Freien eignet. Für einen ersten Aufenthalt in der Natur stellen in der Nähe gelegene Plätze eine gute Wahl dar. Eine lange Fahrt macht den Bolonka nervös, sodass er auf neue Erfahrungen überängstlich reagiert.

Erreichst Du mit ihm das Ziel, benötigt er eine kurze Ruhepause. Sie ermöglicht es ihm, sich auf der Wiese oder im Park umzusehen. Durch das Erschnuppern bisher unbekannter Düfte macht er sich mit seiner Umgebung vertraut.

Vorerst bleibt die Leine in das Halsband eingeklinkt, um ein Weglaufen des Hundes zu verhindern. Erschreckt ihn ein lautes Geräusch, flieht er vor der vermeintlichen Gefahr und verläuft sich in dem fremden Territorium. Das Verhalten der Bolonki unterscheidet sich abhängig von ihrem Charakter. Mutige Hunde gehen ohne Vorbehalt auf unbekannte Dinge zu und untersuchen sie neugierig. Bei einem schüchternen Haustier kommt es vor, dass es Ermutigung und sanfte Ermunterung benötigt. Streicheleinheiten beruhigen Deinen Welpen.

Danach besteht die Möglichkeit, ihn auf spezielle Sachverhalte – beispielsweise Grasbüschel oder Äste – hinzuweisen, indem Du darauf zeigst. Der Bolonka folgt Deiner Bewegung und schöpft aus Deiner Gesellschaft Mut.

Die Leine sollte locker zwischen Dir und dem Hund hängen. Spannt sie, spürt das Tier einen festen Zug an seinem Halsband. Unter Umständen führt der Druck zu einem Würgreiz. Des Weiteren stellt bereits das Ziehen an dem Führstrick eine kleine Machtdemonstration des Bolonka dar. Bemerkt er, dass Du ihm folgst, glaubt er an seine Stellung als Alpha in der Familie. Für die Erziehung stellt der Irrglaube ein Hindernis dar.

54

Du unterbindest das frühzeitig, indem Du Deine Vormachtstellung deutlich, aber liebevoll demonstrierst. Das bedeutet gleichzeitig, dass Du die Richtung, in die ihr geht, bestimmst. Erlaubst Du ihm, den Weg vorzugeben, bringst Du die Rangordnung durcheinander, sodass sich der Hund für gleichberechtigt hält.

Zusätzlich besitzt die locker hängende Leine den Vorteil, dass er sich in Deiner Nähe befindet. Erschreckt der Bolonka Zwetna sich aufgrund einer unerwarteten Störung – dazu zählt bereits ein aufgescheuchter Vogel – beugst Du einer hektischen Flucht vor, indem Du ihn auf den Arm nimmst. Gleichzeitig spürt er Deine Nähe, sodass eine vertraute Hund-Halter-Beziehung entsteht.

Mein Bolonka und andere Hunde

Ob in der Natur oder einem Spaziergang in der Stadt – der Bolonka Zwetna kommt häufig mit anderen Hunden in Kontakt. Aufgrund seines fügsamen und ruhigen Charakters stellt das kein Problem dar. Er neigt nicht zu Aggressionen, sodass er einem Revierkampf in der Regel aus dem Weg geht. Im Gegensatz zu anderen Hunden zählt er nicht zu den Kläffern. Er bleibt gelassen an der Seite seiner Besitzer. Um die positiven Eigenschaften des Haustiers zu fördern, eignet sich eine frühzeitige Sozialisation. Sie sorgt dafür, dass er entspannt auf seine Artgenossen zugeht. Bereits im Welpenalter prägst Du den Bolonka auf Umweltreize, zu denen andere Hunde gehören. Er lernt durch ihre Gesellschaft die Integration in ein Rudel.

Von seiner Mutter und den Geschwistern kennt er die Grundregeln für das Sozialverhalten. Er weiß, wann eine Aufforderung zum Spielen besteht und wann es sich um eine ernsthafte Rangelei handelt. Letzterem geht der friedliebende Bolonka Zwetna im Normalfall aus dem Weg. Schnappt er spielerisch nach einem kleinen Hund, stellt eine ungefährliche Balgerei zwischen ihnen kein Risiko dar. Du solltest achtgeben, dass sich der Bolonka speziell im Welpenalter größeren Artgenossen ausschließlich an der Leine nähert. Auf die Weise besteht für Dich die Möglichkeit, Dein Haustier schnell auf den Arm zu nehmen und aus einer gefährlichen Situation herauszutragen. Anders sieht es aus, wenn Du den Charakter des fremden Hundes kennst. Weißt Du, dass es sich um ein geduldiges Wesen handelt, steht einem Kennenlernen der Tiere nichts im Weg.

Die Ausflüge mit dem Bolonka Zwetna

Für den kleinen Rassehund sind Ausflüge mit der ganzen Familie eine beliebte Freizeitbeschäftigung. Er freut sich speziell über Spaziergänge in der Natur oder in einem Hundepark. Abhängig von seiner Erziehung benötigt der Bolonka mehr oder weniger Auslauf. In jedem Fall planst Du täglich ein bis zwei Stunden ein. Schlechtes Wetter bedeutet für ihn keine Einschränkung.

Um nicht in Rammdösigkeit zu verfallen, bevorzugen Bolonki die Abwechslung. Variierst Du die Tour bei einem Spaziergang, sammelt der Rassehund stets neue Eindrücke. Zudem kommt er mit unterschiedlichen Landschaften in Kontakt. Beispielsweise wanderst Du mit ihm durch die belebte Innenstadt, eine ruhige Waldgegend und einen Park.

Speziell Hundeparks wirken auf die intelligenten Tiere faszinierend, da sie mit Artgenossen in Berührung kommen. Hierbei beachtest Du, dass Du ausreichend Zeit für einen ausgedehnten Spaziergang hast. Brichst Du den Ausflug vorzeitig ab, verausgabt sich der Bolonka Zwetna nicht. In der Folge versucht er, seine Energie in der Wohnung auszuleben, was unter Umständen zu einem unkontrollierten Toben führt. Deshalb rate ich Dir, neben einem kurzen Spaziergang einen langen Streifzug am Tag einzuplanen. Hunde gehören zu den Gewohnheitstieren, darum findet der Ausflug zu festen Zeiten statt. Gleichzeitig besteht dadurch der Vorteil, dass sich die Verdauung des Bolonka reguliert.

Bei einem langen Spaziergang kommt es darauf an, Training mit Spaß zu verbinden. Es bewährt sich, die Atmung des Bolonkas zu beachten, um eine Überforderung frühzeitig zu erkennen. Die Tiere besitzen eine starke Kondition und obgleich der kurzen Beine ein schnelles Tempo. Sie halten einer Belastung mühelos stand, sofern diese ihrem Gesundheitszustand entspricht. Das heißt, dass Du nicht von jedem Bolonka ähnliche Leistungen erwarten kannst. Ältere Haustiere und Welpen brauchen mehrere Ruhezeiten, während erwachsene Hunde vor Agilität strotzen. Leidet das Tier an einer Erkrankung, beeinträchtigt sie ebenfalls seinen Bewegungsdrang.

Dein Bolonka Zwetna dankt es Dir, wenn Du Dich nach seinen individuellen Bedürfnissen richtest. Bist Du am Besuch eines Hundeparks interessiert, besteht die Möglichkeit, Dich im Vorfeld über das Gelände zu informieren. In größeren Ortschaften existieren oft Grünanlagen, die sich speziell für kleine Hunde eignen. In der eingezäunten Umgebung lernen die Tiere den Umgang miteinander und trainieren auf die Weise ihr Sozialverhalten. Der verträgliche Bolonka bereitet Dir in der Regel keine Probleme, da er nicht zu einem dominanten Benehmen neigt. Dadurch bietet sich den Haltern die Option, in einer Hundegruppe verschiedene Übungen durchzuführen. Ähnlich wie in einer Hundeschule versammeln sich mehrere Besitzer mit Hunden unterschiedlicher Rassen und Größen. Nacheinander trainieren die Tiere an den vorhandenen Geräten.

Zu den üblichen Utensilien gehören der Tunnel, die Wippe und die Treppe. Ersteres ermöglicht es den Bolonki, hindurchzukriechen. Sie verlieren durch das Absolvieren der Aufgabe die Furcht vor engen Gängen. Zudem schult der Besuch in einem Hundepark die Disziplin der Hunde. Sie achten auf die Hör- und Sichtzeichen ihrer Herrchen und Frauchen, sodass Fortschritte in der Erziehung zu verzeichnen sind.

Entläuft der Bolonka, stellt das eingezäunte Gebiet einen Vorteil dar. Es verhindert, dass er beispielsweise auf die Straße rennt.

Was macht dem Bolonka Spaß?

Der Bolonka Zwetna ist ein agiles Haustier, das neben ruhigen Gassirunden einen ausgedehnten Spaziergang bevorzugt. Speziell variable Strecken sorgen für Abwechslung. Sie schulen gleichzeitig seine Sozialisation. Beispielsweise führt Eure Tour durch Wälder, Wiesen und einen Hundepark. In den drei Geländen konfrontierst Du den Hund mit verschiedenen Hindernissen oder Untergrundstrukturen. Auf die Weise lernt er, die Landschaften zu unterscheiden und fürchtet sich nicht vor unbekannten Dingen.
Bolonki bevorzugen diverse Wettergegebenheiten. Im Sonnenschein wollen sie ebenso ins Freie wie bei leichtem Regen oder einem bedeckten Himmel. Dein Zwetna findet ebenso Spaß an einer kurzen Runde im Nieselregen. Er kommt mit dem kühlen Nass in Kontakt und riecht neue Düfte.
Aufgrund seiner dichten Unterwolle gelangt das Wasser nicht bis auf die Haut.

Der Umstand minimiert das Risiko einer Erkältung. Bei starkem Regen bleibt er der Gesundheit zuliebe daheim. Der Bolonka besitzt ein robustes Wesen, erkrankt jedoch ebenso leicht wie Du. Geratet ihr bei einer Tour durch einen Schauer, empfehle ich Dir, ihn ordentlich abzutrocknen. Ein Handtuch eignet sich zu dem Zweck besser als ein Föhn. Die lauten Geräusche sowie das warme Gebläse erschrecken ihn. Anschließend braucht er einen gemütlichen Platz in der Nähe einer Heizung.

Sport und Agility mit dem Bolonka Zwetna

Die Hundesportart Agility kommt aus England und fördert die Geschicklichkeit und Flinkheit der Haustiere. Im Vordergrund steht das schnelle und exakte Durchlaufen eines mit Hindernissen gespickten Parcours. Die Übung ist erfolgreich, wenn die Bolonki eine zuvor festgelegte Zeit nicht überschreiten. Die seit 1980 in Deutschland bekannte Beschäftigung für Hunde zählt zu den modernen Sportarten. Beispielsweise bieten Hundeschulen das Trainingsprogramm an. Gleichzeitig besteht für Dich die Möglichkeit, die Aufgaben zusammen mit dem Bolonka Zwetna zu bewältigen.

Beim Standard-Agility-Training durchquert er die Hindernisstrecke, auf der im Schnitt 20 Geräte stehen. Er vertraut dabei auf Deine Führung. Zu den Hürden zählen:
- ein Tisch,
- der Laufsteg,
- die Wippe,
- Reifen,
- eine A-Wand,
- das Weitsprungfeld,
- ein Tunnel
- sowie Slalom.

Agility unterteilt sich in zwei unterschiedliche Varianten. Beim Jumping durchlaufen Hund und Halter die aufgestellten Hindernisse fehlerfrei, wobei der Fokus auf Sprunghürden liegt. Dagegen konzentrieren sie sich bei dem A-Lauf auf Kontaktzonengeräte. Ihr Name verrät, dass der Bolonka Zwetna einen speziellen Bereich zwingend berühren muss. Bei beiden Arten des Hundesports steht die Abfolge der Hürden im Vorfeld fest. Vorrangig handelt es sich bei dem Agility um eine Gehorsamkeitsübung, weil der Bolonka Zwetna frei läuft.
Er trägt kein Halsband oder Leine.
Zudem verbieten die Regeln dem Besitzer, das Tier während der Aufgabe zu berühren. Ausschließlich Handzeichen und knappe Befehle sorgen dafür, dass der Bolonka sein Training mit Bravour meistert.
Vorwiegend kommt es bei dem Sport auf den Spaß an. Daher achten die Leistungsrichter bei Wettbewerben darauf, dass die teilnehmenden Hunde keine Misshandlungen aufweisen. Die Halter dürfen sie nicht zu der Bewältigung einer Hürde zwingen. Ein solches Verhalten sowie eine Verweigerung des Tiers führen zu einer Disqualifikation.

Möchtest Du nicht nur sporadisch mit dem Bolonka Zwetna trainieren oder seinen Gehorsam festigen, eignet sich der Besuch einer Hundeschule.

Der Kontakt zu den Artgenossen trägt zu seiner Sozialisierung bei. Zudem konfrontieren die Trainer die Haustiere mit verschiedenen Situationen und Geräuschen. Sie nehmen den Hunden auf die Weise die Angst vor Alltagslärm. Bevor Du den Bolonka in einer Hundeschule anmeldest, lohnt es, die Einrichtungen in der Umgebung aufmerksam zu studieren. Du fragst am besten örtliche Hundevereine, Mitarbeiter des Tierheims oder Tierärzte.

Wie beim Hundesport steht in dem Institut das Wohl des Tieres an erster Stelle. Deshalb eignet sich nicht jede Hundeschule für die Bolonki. Vergleichst Du die Angebote der Hundeschulen, bekommst Du einen Überblick über die Programme.

Einige Einrichtungen konzentrieren sich bei ihren Übungen ausschließlich auf große oder kleine Hunde. Daher gilt es, die richtige Hundeschule für Deinen Bolonka auszuwählen. Es gelingt Dir, wenn Du Dir im Vorfeld einen Fragenkatalog zurechtlegst. Auf die Weise erfährst Du schnell, welche Schule Deinen Erwartungen entspricht.

folgende Aspekte können wichtig sein:
- Zeigt der Trainer Interesse an dem Bolonka und seiner Persönlichkeit?
- Bezieht er Deine Vorstellungen in die Übungen ein?
- Beantworten die Angestellten Deine Fragen bereits telefonisch?
- Wirkt Dein Ansprechpartner freundlich und aufgeschlossen?
- Welche Methode verwenden die Trainer in der Hundeschule?
- Besitzen sie eine fundierte Ausbildung sowie entsprechende Zertifikate?
- Wie gestaltet sich das Preis-Leistungs-Verhältnis?

In einer seriösen Hundeschule nehmen die Trainer Hunde verschiedener Rassen auf. Das Gelände ermöglicht es großen und kleinen Kaniden, ihre Energie auszupowern. In einem telefonischen Gespräch erfragst Du, ob die Schule Deinem Bolonka gerecht wird. Stellt Dich der erste Eindruck zufrieden, bewährt es sich, über einen persönlichen Besuch nachzudenken. Somit erhältst Du einen Überblick über Ausstattung und Arbeitsweise des Instituts. Das Hauptaugenmerk liegt auf der Einzäunung des Geländes. Ein Zaun mit großen Öffnungen bietet dem Hund die Möglichkeit, auszubrechen. Ausschließlich ausreichend Platz auf der Übungsfläche sorgt dafür, dass sich Dein Haustier wohlfühlt. Daher stellt die Grundfläche der Hundeschule einen wesentlichen Faktor dar. Siehst Du während einer Trainingsstunde zu, bekommst Du einen Eindruck von den Methoden der Mitarbeiter.

Du erfährst, wie groß die Gruppen sind und was in den Pausen geschieht. Dürfen die Hunde miteinander spielen? Ein kompetenter Trainer gibt Dir auf alle Fragen hilfreiche Antworten. Zusätzlich geht er auf Deinen Bolonka Zwetna ein und sucht ersten Kontakt mit ihm. Du stellst schnell fest, wie sich die Chemie zwischen Hund und Mensch präsentiert. Kommt es zu Spannungen, eignet sich die Schule nicht für Dein Haustier.

Es verweigert beispielsweise die Arbeit mit dem Angestellten oder erleidet eine stressbedingte Depression.

Benimmt sich der Bolonka in Gegenwart des Trainers entspannt, steht einem Probetraining nichts im Weg. Nimmst Du daran teil, siehst Du, wie er seinen Unterricht gestaltet. In der Regel versuchen die Mitarbeiter der Hundeschule, Deinen Hund in eine Trainingsgruppe zu integrieren. Fühlt sich das Tier unwohl, bieten professionelle Schulen Einzelstunden an.

Zeigt der Bolonka Zwetna bei beiden Varianten Stress-Symptome, solltest Du ihn nicht zu dem Unterricht zwingen. Stattdessen stellt ein selbstständiger Hundetrainer eine geeignete Alternative dar. Der Vorteil besteht darin, dass der Experte die Übungen bei Dir zu Hause durchführt. Der Hund ist in seinem gewohnten Revier und fühlt sich aus dem Grund weniger gestresst. Sobald er aktiv an den Aufgaben teilnimmt, fragst Du auf Wunsch nach einem Trainingsplan. Du weißt aufgrund des Dokuments, welche Kommandos das Tier erlernt. Das ermöglicht es Dir, selbstständig mit Deinem Bolonka zu üben. An erster Stelle stehen der Spaß und das Wohlergehen Deines Hundes.

Das Training zu Hause erleichtert es Dir, sportliche Übungen in den Alltag des Bolonka zu integrieren. Praktische Tipps machen es möglich, den Agility-Sport im Wohnzimmer durchzuführen. Regnet es stark und der Hund geht nicht zu einem langen Spaziergang an die frische Luft, sorgst Du damit für Beschäftigung. Aufgrund seiner geringen Körpergröße reicht ihm ein kleiner Parcours. In einem Hundefachgeschäft oder dem Internet findest Du Kriechtunnel, die Du ohne Schwierigkeiten im Wohnzimmer aufstellst. Hast Du kleine Kinder, hältst Du in ihrem Raum nach einem ähnlichen Modell Ausschau. Möchtest Du das Hundespielzeug nicht kaufen oder aus dem Zimmer Deiner Sprösslinge entfernen, baust Du es eigenständig. Dafür benötigst Du zwei Stühle sowie eine dicke Decke. Du stellst die Sitzgelegenheiten hintereinander, sodass bereits die Stuhlbeine den Tunnel bilden. Legst Du das Textil darauf, verdunkelt sich das Innere der Konstruktion. Auf die Weise führst Du mit dem Bolonka Zwetna die Agility-Übung durch.

Läuft das Tier nicht freiwillig durch das improvisierte Parcours-Element, lockst Du ihn mit Leckerchen. Sobald er Gefallen daran findet, besteht die Möglichkeit, den Tunnel zu verlängern. Des Weiteren lohnt es sich, die Übung mit einem Partner durchzuführen. Du begibst Dich mit dem Bolonka Zwetna auf die eine Seite des Tunnels, während die zweite Person sich an dessen Ende setzt. Bei einer kurzen Konstruktion sieht der Hund das bekannte Gesicht und läuft nicht ins Leere. Das spornt ihn an, die Übung zu absolvieren. Zudem eignen sich die Stühle, um einen Slalom aufzubauen. Du stellst vier oder mehr Sitzgelegenheiten im Zimmer auf und achtest darauf, dass Du bequem zwischen ihnen hindurch läufst. Du machst dem Bolonka Zwetna vor, was Du von ihm erwartest. Zusätzlich nimmst Du sein favorisiertes Spielzeug oder ein Leckerchen in die Hand.

Nach dem Magnetprinzip folgt das Tier dem Ziel seiner Begierde und absolviert mit Dir den Gang durch die Slalomhürden.

Was ist Obedience?

Übersetzt bedeutet der Begriff Obedience „Gehorsam". Er bezeichnet eine spezielle Art des Hundesports. Nehmen die Bolonki daran teil, kommt es auf eine zeitnahe und korrekte Ausführung der Kommandos an. Vorwiegend ein harmonisches Verhältnis zwischen Hund und Halter sorgt für ein befriedigendes Übungsresultat. In der Prüfungsordnung Obedience des VDH nennt sich die Sportart die „Hohe Schule der Unterordnung". Der Grund besteht darin, dass sich das Haustier auf die Befehle seines Alpha – also dem Besitzer – konzentriert und sie zu seiner Zufriedenheit ausführt.

Dem folgsamen Bolonka Zwetna macht die Übung Spaß, da der Gehorsam zu seinen Wesenszügen gehört. Ebenso wie eine eingespielte Beziehung zwischen Mensch und Rassehund erweist er sich als Grundlage für das Training. Zusätzlich legen die Preisrichter Wert auf die Sozialisation des Haustiers. Ausschließlich sozial verträgliche Hunde arbeiten problemlos mit ihren Herrchen und Artgenossen zusammen. Hierbei ist es wichtig, dass sich der Bolonka anderen Rassen gegenüber gelassen verhält. Bei Obedience-Wettbewerben existieren keine Einschränkungen bezüglich der Größe oder Abstammung der vierbeinigen Teilnehmer. Aus dem Grund kommt der Bolonka mit größeren Hunden in Berührung und darf dabei keine Scheu oder Aggression zeigen.

Bei dem aus Großbritannien stammenden Hundesport gibt es keine körperliche Belastung für die Tiere. Ältere Bolonki nehmen problemlos an den Übungen teil. Diese leitest nicht Du als Halter. Stattdessen bestimmt ein Ringsteward, welche Aufgaben der Hund übernimmt. Bei dem Obedience existiert kein festgelegtes Schema für die einzelnen Prüfungen. Du erfährst erst im Laufe des Trainings, welche Übungen auf Euch zukommen. Für unerfahrene Halter gilt der spontane Ablauf als zusätzliche Schwierigkeit, da sie ihre Befehle nach der Freigabe des Stewards geben. Versäumen sie ein Hör- oder Sichtzeichen, führt der Bolonka die Aufgabe verspätet aus und erhält eine niedrige Punktzahl. Nutzt Du den Hundesport, um Kommandos mit Deinem Haustier zu festigen, sorgen regelmäßige Wiederholungen für Erfolge. Die einzelnen Übungen ähneln dem Training für Schutz- und Rettungshunde.

Beispielsweise zählen folgende Aufgaben zum Obedience-Programm:
* das Bei-Fuß-Training mit und ohne Leine,
* Bleib-Übungen ohne Sichtkontakt,
* Wechsel zwischen Sitz und Platz,
* Apportieren,

- Positionswechsel,
- Geruchsidentifikation
- sowie das Vorausschicken.

Während der einzelnen Tests kommt es darauf an, geduldig mit dem Hund zu interagieren. Die Befehle gibst Du mit leiser Stimme oder mit Handzeichen. Auf die Weise erkennen die Preisrichter den Unterschied zwischen einer erzwungenen und einer freiwilligen Unterordnung des Bolonka Zwetna. Neben der exakten Ausführung der Befehle, achten die Stewards auf ein harmonisches Gesamtbild. Das bedeutet, dass der Hund die Übung elegant ausführt. Dies geschieht, wenn Dir der Rassehund vertraut und Spaß an dem Training besitzt. Vorwiegend in der Beginnerklasse stellt der Umgang zwischen Halter und Haustier ein separates Bewertungskriterium dar. Das Obedience eignet sich für Hunde aller Größen und Altersklassen.

Dogdance und Klickertraining – Unterhaltung für den Bolonka

Bevorzugt beschäftigt sich der anhängliche Bolonka Zwetna gemeinsam mit seinem Halter. Deshalb eignet sich das Dogdancing als beliebtes Training für den Hund. Bei der amerikanischen Sportart führen Besitzer und Haustiere rhythmische Bewegungen zur Musik durch. Dabei stammen die Übungen vom Obedience-Training ab. Das „Tanzen" erfordert vom Bolonka Folgsamkeit und ein hohes Maß an Konzentration. Die Voraussetzung besteht darin, dass Deine Hör- und Sichtzeichen deutlich für den Hund zu erkennen sind. Beim Dogdance kommt es zu einer Kombination der grundlegenden Gehorsamkeitsübungen – beispielsweise das Bei-Fuß-Gehen – und unterschiedlichen Kunststücken. Das Hauptaugenmerk liegt auf der präzisen und harmonischen Choreografie.

Zu den durchgeführten Tricks zählen:
- Beinslalom,
- Rückwärtslaufen,
- Seitengänge,
- Pfotenarbeit,
- Sprünge und
- Drehungen.

Für einen Hund sind die Schritte unnatürlich, sodass er sie ausschließlich nach einem intensiven Training durchführt. Ebenso stellt sich der Rassehund während des Dogdances auf die Hinterbeine oder führt mit dem Besitzer eine Polonaise durch. Dabei weisen ihn Körpersprache und knappe Kommandos auf die nächste Aufgabe hin. Die Befehle erteilst Du schnell und präzise, sodass eine flüssige Abfolge der Bewegungen zustande kommt. Stockt das Tier, sehen die Punktrichter das unsichere Verhalten als Fehler an. Bei der Übung steht das synchrone Tanzen von Mensch und Hund im Fokus. Sie absolvieren die Aufgaben teilweise gegeneinander oder auf Distanz. Dabei erlauben die Leistungsrichter in einem offiziellen Wettbewerb keine Hilfsmittel. Das bedeutet, dass Du Deinen Bolonka nicht mit einem Spielzeug oder Futter lockst. Bei Turnieren gibt es einen gravierenden Unterschied zwischen den Spaßklassen und den offiziellen Teilnehmern.

Zu den Fun-Klassen gehören:
- die Beginner,
- Hunde mit Handicap,
- Senioren,
- Open,
- Gruppentänze,
- Lucky Dip (ausgeloste Musik),
- Trio
- und Quartett.

Ähnlich gestaltet sich die Aufteilung der offiziellen Klassen. Sie bestehen in:
- Klasse eins,
- Klasse zwei,
- Klasse drei,
- Klasse Senioren und Handicap,
- Trio,
- Quartett sowie
- Klasse Junioren.

Bei der Bewertung spielt das Teamwork eine Rolle. Die Juroren beachten die Ausstrahlung des Dogdance-Ensembles und ihre Zusammenarbeit. Zusätzlich konzentrieren sie sich auf Motivation Deines Bolonka Zwetna. Macht er einen gezwungenen Eindruck, kommt es zu einem Abzug von Punkten. Weitere Bewertungskriterien bestehen in der Dynamik des Teams. Der Begriff umschließt den tänzerischen Ausdruck ebenso wie die musikalische Interpretation. Das Konzept fließt in die Punktezahl direkt ein. Im Speziellen achten die Preisrichter auf die ausgewählte Musik und die Ideen der Teilnehmer.

Zusätzliche Punkte erhalten die Tänzer für:
- ihre Choreografie,
- den Übergang und den Fluss,
- die exakte Ausführung der Übungen,
- inhaltliche Elemente und Bewegungsabläufe sowie
- den Schwierigkeitsgrad.

Neben dem Dogdancing besteht das Klickertraining als beliebte Variante des Hundesports. Das „Klickern" stellt eine spezielle Ausbildungsmethode der Hunde dar. Sie fundiert auf der Beeinflussung des Verhaltens Deines Bolonka Zwetna.

63

Die Übungen führst Du mit einem „Klicker" durch, wobei der kleine Apparat ein akustisches Signal von sich gibt. Es klingt wie ein Schnalzen oder Klicken und verleiht dem Training seinen Namen. Du setzt das Geräusch während einer Belohnung des Hundes ein, sodass er den Laut mit der positiven Erfahrung in Verbindung bringt. Auf die Weise stellt das Klicken eine Verstärkung dar und konditioniert den Bolonka Zwetna. Ähnliche Tests führte Iwan Pawlow durch. Seine Untersuchungen zeigten, dass eine operante Konditionierung ein erwünschtes Benehmen verstärkt. Aus dem Grund sprechen die Hundetrainer beim Klickertraining von der Benutzung des pawlowschen Effekts. Die Übung gründet auf zwei Arten der Konditionierung. Die Vorbereitung bildet die klassische Variante nach Pawlow, auf der die operante Form aufbaut. Dabei besteht das Training darin, dass Verhalten verstärkt nach einer Konsequenz auftritt. Die positive Verstärkung erweist sich mit der Belohnung als Gewinn. Beim Bolonka Zwetna ist dies das Befriedigen der Bedürfnisse. Demnach stellt der Lohn das Leckerchen dar.

Für das Klickertraining benötigst Du den Klicker. Bei ihm handelt es sich um einen geprägten Stahlblechstreifen, der sich in einem Gehäuse aus Plastik befindet. Drückst Du darauf, erfolgt eine Verbiegung. Das knackende Geräusch ertönt. Beim Klickertraining kommt es darauf an, die Konsequenz schnell mit dem Benehmen zu verbinden. Erfüllt der Bolonka seine Aufgabe, klickst Du innerhalb von ein bis drei Sekunden. Zu einem späteren Zeitpunkt versteht das Tier den Zusammenhang nicht mehr. Zusätzlich gilt es zu beachten, dass der Laut nicht als Belohnung existiert. Dein Bolonka Zwetna freut sich nicht über das Geräusch, sondern sieht es Markierungssignal. Er erkennt, dass der Ton auf den baldigen Lohn hinweist. Im Englischen nennt sich das Geräusch „bridging signal". Es überbrückt die Zeit zwischen dem positiven Benehmen und der Verstärkung. Die gesamte Übung unterteilt sich in acht Schritte.

Diese beschreibt die Autorin Antje Hebel in ihrem Buch „Jeder Hund ist anders – individuelles Hundetraining mit oder ohne Clicker":

- ein Verhalten herbeiführen,
- das Verhalten benennen,
- den Standort wechseln,
- das Signal anwenden,
- spontanes Verhalten ignorieren,
- Ablenkungen einbauen,
- Leckerlis reduzieren und
- das Gelernte anwenden.

Zunächst bedenkst Du, dass das Klicken für einen ungelernten Bolonka Zwetna keine Bedeutung besitzt. Er weiß nicht, warum Du den Laut erzeugst. Erst nach der mehrmaligen Wiederholung des Klickens unmittelbar vor der Übergabe eines Leckerchens bringt das Haustier den Ton mit dem Lohn in Verbindung.

64

Sobald das Tier versteht, dass das Geräusch das Futter ankündigt, handelt es sich um eine klassische Konditionierung. In dem Fall entsteht eine Umwandlung des neutralen Reizes, des Klickens, in einen bedingten. Dabei ist es von Bedeutung, dass der Bolonka selbstständig erkennt, was Du von ihm wünschst. Das heißt, er führt die Übung eigenständig und freiwillig durch.

Um das Verhalten zu benennen, sprichst Du das Kommando während des Absolvierens der Aufgabe aus. Setzt sich der Rassehund hin, sagst Du beispielsweise laut: „Sitz!" Den Befehl verknüpft das Haustier mit der Bewegung, sodass eine weitere Verstärkung eintritt. Das Klickertraining führst Du an beliebigen Orten durch. Dabei brauchst Du Dich nicht auf die Wohnung und den Garten zu beschränken. Indem Du den Standort wechselst, förderst Du die Konzentration des Bolonka. Auf die Weise festigt er die Übung. In der ersten Zeit tritt wie in unserem Beispiel das Hinsetzen als zufälliges Benehmen auf. Auch dieses gilt es, zu belohnen.
Bevor Du dem ihm seinen verdienten Lohn verabreichst, erzeugst Du das Klicken. Ohne die Verwendung des Geräuschs schlägt das Klickertraining fehl.

Übst Du über einen längeren Zeitraum mit dem Hund, hilft es, das spontane Verhalten zu ignorieren. Das bedeutet, dass Dein Bolonka das Leckerchen nur erhält, wenn er das Kommando zuverlässig ausführt. Setzt er sich ohne Befehl hin, bekommt er sein Futter nicht. Damit er aufmerksam auf Deine Sicht- und Hörzeichen schaut, baust Du Ablenkungen in Form von anderen Geräuschen oder Bewegungen ein. Der Rassehund muss sie ignorieren, um an sein Ziel zu gelangen. Hierbei zeigt sich der Vorteil des Klickertrainings. Das knackende Geräusch kommt im Alltag nicht vor, sodass es ein eindeutiges Signal darstellt. Zusätzlich erscheint das Klicken frei von Emotionen. Befindest Du Dich in einer traurigen Stimmung, hört der Hund die Stimmungslage in Deiner Stimme. Möglicherweise beeinträchtigt der Umstand die Folgsamkeit des Bolonka Zwetna.

Die Gefahr besteht bei dem Knacken nicht, da es in jeder Situation gleich ertönt. Vorwiegend eignen sich die Übungen, um ein bestimmtes Verhalten des Tiers auf Wunsch herbeizuführen. Damit die operante Konditionierung funktioniert, setzt Du den Klicker ausschließlich für das Training ein. Stellst Du es dem Hund als Spielzeug zur Verfügung, verliert der Ton für ihn an Bedeutung. Zudem eignet sich das Gerät nicht, um ein unerlaubtes Benehmen zu bestrafen. Kein Tier kommt zu Dir, wenn es weiß, dass nach dem Klicken eine negative Konsequenz folgt. Als Beschäftigung eignen sich die Übungen nicht. Das bedeutet, dass Du sie nicht mit einem gelangweilten Bolonka durchführst. Um gute Resultate zu erzielen, muss der Hund entspannt, aber konzentriert sein. Ausschließlich seine Bereitschaft, mental und körperlich zu agieren, gewährleistet, dass die Übungen positiv verlaufen.

Die Begleithundeprüfung für den Bolonka

Bei der als BH abgekürzten Begleithundeprüfung handelt es sich um eine grundlegende Übung in Vereinen des FCI. In den Tests prüfen die Leistungsrichter die Folgsamkeit sowie das soziale Verhalten der teilnehmenden Hunde. Beispielsweise beachten die Juroren das Benehmen der Tiere in der Öffentlichkeit.

Ohne eine Begleithundeprüfung besteht keine Möglichkeit, an den gängigen Wettbewerben des Hundesports teilzunehmen. Wettkampfrichter der Sportarten Agility und Obedience fordern ein solches Zertifikat. Im Regelfall dauert die Prüfung mehrere Stunden. Sie besteht aus zwei Teilen, die an unterschiedlichen Orten stattfinden. Auf einem abgegrenzten Übungsplatz testen die Leistungsrichter den Gehorsam der Hunde. Ihr soziales Verhalten kontrollieren sie in einem öffentlichen Bereich. Bevor die Begleithundeprüfung beginnt, konzentriert sich der Preisrichter auf die Unbefangenheit Deines Bolonka Zwetna. Er führt einen Wesenstest durch. Das Benehmen des Haustiers spielt während des gesamten Ablaufs der Prüfung eine Rolle.

Du meldest Deinen Bolonka bei der Prüfung an, sofern er ein Alter von 15 Monaten besitzt. Jüngeren Tieren mangelt es im Normalfall an der Sozialisierung und der Konzentration, um den Test zu bestehen. Zudem brauchen die Rassehunde ein starkes Vertrauensverhältnis zu ihren Besitzern, das sich erst mit zunehmenden Lebensjahren aufbaut.

Gleichzeitig besteht die Notwendigkeit, dass Du vor Prüfungsbeginn einen Sachkundenachweis erbringst. Laut dem VDH existiert er als Grundvoraussetzung, um an den Übungen teilzunehmen. Sämtliche Aufgaben absolviert Ihr ohne Hilfsmittel wie Spielzeug oder Futter. Das bedeutet, dass es ausschließlich auf die Interaktion zwischen Halter und Hund ankommt. Während der Prüfung trägt Dein Haustier ein einreihiges Kettenhalsband oder ein Brustgeschirr. Das Hauptaugenmerk liegt darauf, dass ein Zug unmöglich erscheint. Die Leistungsrichter fordern für jeden Hund einen Chip oder alternativ eine Tätowierung. Der Sinn besteht in der eindeutigen Identitätsidentifikation des Tiers. Im ersten Teil der Übung steht das festgelegte Schema im Vordergrund. Zu den grundlegenden Aufgaben zählt das Bei-Fuß-Gehen ohne Leine, das Durchlaufen einer Menschengruppe sowie das Hinsetzen.

Es kommt zu mehrmaligen Wiederholungen der Übungen, wobei Tempowechsel den Hund fordern. Besteht Dein Bolonka Zwetna den Test, folgt die zweite Hälfte der Begleithundeprüfung. In ihr stellen die Juroren das freundliche Benehmen des Haustiers in der Öffentlichkeit fest. Sie kontrollieren das Verhalten des Hundes in Gegenwart von anderen Verkehrsteilnehmern. Die Übung findet unter realen Bedingungen direkt auf einem öffentlichen Platz statt.

Mit dem Bolonka in den Urlaub

Bevor Du mit Deinem Bolonka Zwetna in den Urlaub fährst, klärst Du die grundlegenden Fragen. Welche Orte eignen sich für den Hund? Erlauben die Reiseveranstalter die Mitnahme von Haustieren? Ein Urlaubsort, in dem Bolonki nicht willkommen sind, stellt keine gute Wahl dar. Zuerst lohnt es, zu überlegen, ob die Möglichkeit besteht, das Tier mit auf Reisen zu nehmen. Speziell Welpen und kranke Hude leiden bei längeren Ausflügen unter starkem Stress. In einer fremden Umgebung fühlen sie sich unter Umständen unwohl, was sich negativ auf ihre Immunabwehr auswirkt. Demnach erweist sich ein Urlaub für einen geschwächten Bolonka als Risiko.

In dem Fall sorgst Du für dessen Wohl, wenn Du nach einem Hundesitter suchst. Für die Aufgabe eignen sich Personen, die der Zwetna kennt. Sie kümmern sich in Deiner Abwesenheit Tag und Nacht um das Tier, um einer Vereinsamung vorzubeugen. Weist Dein ausgewachsener Bolonka keine Schwächen auf, beginnst Du mit der Planung der Reise. Zunächst gilt es, ein Ziel festzulegen.
Zudem gilt es, die nötigen Reisepapiere für den Hund zusammenzustellen. Du informierst Dich beispielsweise im Internet darüber, welche Vorschriften für die Einreise des Haustiers gelten.

Seit 2008 braucht Dein Bolonka Zwetna einen gültigen EU-Impfpass, der gleichzeitig als Heimtierausweis fungiert. In ihm steht zwingend die Chipnummer. Des Weiteren benötigt der Hund während der Reise Verpflegung. Ausreichend Flüssigkeit beugt einer Dehydrierung vor.

Manche Tiere leiden aufgrund der Reise unter Stress. Sie würgen vermehrt, sodass vorwiegend Nassfutter zu Erbrechen führt. Um den Magen des Haustiers zu beruhigen, empfehle ich, ihm Trockenfutter zu verabreichen.

In das Gepäck gehören zusätzlich:

- Leine, Halsband und Geschirr,
- ein Adressschild mit Urlaubsadresse und den regulären Adressdaten,
- die Transportbox,
- Handtücher,
- Decken und das Körbchen,
- Spielzeug,
- bekanntes Futter und Leckerchen,
- frisches Wasser,
- Kottüten,
- Bürste und Kamm,
- die Reiseapotheke,
- Grenzpapiere sowie der EU-Impfpass,
- die Versicherungsnummer und die Anschrift der Haftpflichtversicherung.

Reiselust ohne Frust – mit dem Bolonka auf Reisen

Bevor Du zur Reise aufbrichst, informierst Du Dich über die Möglichkeiten zur Beförderung des Hundes. Fährst Du mit dem eigenen Auto, gehört der Bolonka Zwetna in seine Transportbox. Quer auf dem Rücksitz schnallst Du sie sicher fest, sodass sie bei einem Aufprall oder einem scharfen Bremsen nicht verrutscht. Alternativ stellen die Flächen hinter Fahrer- und Beifahrersitz sowie der Kofferraum geeignete Verstaumöglichkeit dar. Auf die Weise lenkt Dein Bolonka Zwetna Dich nicht vom Straßenverkehr ab. In der Regel verschlafen die Tiere die Fahrt. Bemerkst Du, dass er sich unruhig verhält, hältst Du an einer Raststelle, um ihn Gassi zu führen.
Bei jedem Stopp verabreichst Du ihm ausreichend Wasser. Speziell bei warmen Temperaturen verlieren die Tiere Flüssigkeit. Sie leiden unter Stress und hecheln verstärkt. Aufgrund der Dehydrierung und der erhöhten Sauerstoffsättigung des Blutes kommt es unter Umständen zu einer Ohnmacht. Um das zu vermeiden, stellen regelmäßige Pausen und Ausflüge an die frische Luft relevante Faktoren dar.
In Bus und Bahn reist der Bolonka Zwetna in der Regel in seiner Transportbox. Besitzt Du das Zubehör nicht, hilft es, auf die individuellen Beförderungsbedingungen der Bahngesellschaften achtzugeben.
Bei der Deutschen Bahn existiert die Leinen- und Maulkorbpflicht, sofern sich der Hund nicht in der Box befindet. Um dem Haustier das Maulgeschirr zu ersparen, erweist sich die Box sinnvoll. Zudem bietet sie dem Tier die Möglichkeit, die Fahrt zu verschlafen.

Ein weiterer Vorteil besteht darin, dass der Ticketpreis entfällt, wenn Du den Behälter auf den Schoß nimmst. Alternativ verstaust Du ihn unter dem Sitz, sodass er als Gepäckstück zählt. In einem Speisewagen bekommt der Bolonka Zwetna keinen Zutritt. Hygienebedingt bleibt er in seiner Box. Besser ist es, wenn Du den Proviant zu Hause einpackst. So brauchst Du den Hund nicht allein zu lassen und er erhält sein bevorzugtes Futter. Mit einem Leckerchen während der Fahrt beruhigst Du den tierischen Begleiter.

Zusätzlich sorgt ein Kauspielzeug, beispielsweise ein Kong, dafür, dass der Hund Beschäftigung bekommt. Auf die Weise vergeht die Anfahrt für ihn schneller und Du beugst Langeweile vor. Auf einen freien Platz darf sich der Bolonka Zwetna nicht setzen. Der Grund besteht ebenfalls in der daraus resultierenden mangelnden Hygiene. Ohne die Mitnahme der Transportbox kostet die Fahrt für den Rassehund den halben Preis.

Die Kondition gilt ausschließlich innerhalb Deutschlands und entspricht den Standards aus dem Juni 2016. International kostet der Transport des Haustiers den Kinderpreis in der zweiten Klasse.

Um dem Bolonka eine angenehme und stressfreie Reise zu bieten, solltest Du:

- die Hauptverkehrszeiten meiden,
- mäßig frequentierte Strecken wählen,
- Plätze in einem ruhigen Abteil buchen,
- längere Zwischenstopps für Gassirunden einplanen,
- längere Umsteigezeiten planen,
- Spielzeug und Leckerchen mitnehmen.

Die Transportbox legst Du mit einem saugfähigen Material aus. Es nimmt den Schweiß des Tiers auf und sorgt gleichzeitig dafür, dass sich bei einem Missgeschick keine Urinpfützen bilden. Um eine Entleerung innerhalb der Bahn zu vermeiden, fütterst Du den Bolonka das letzte Mal zwölf Stunden vor Fahrtantritt. Während der Reise erhält das Haustier seinen Proviant, um sich in den Zwischenstopps zu erleichtern. Geschieht das auf dem Bahnsteig oder in der Halle, hältst Du den Kotbeutel sowie Raumspray bereit. Damit entfernst Du die Hinterlassenschaft schnell und diskret.

Ebenso wie bei den Bahngesellschaften gibt es bei jeder Flugzeug-Airline andere Vorschriften. Daher existiert auf die Frage, wie die Beförderung im Flieger stattfindet, keine pauschale Antwort. Im Reisebüro oder auf der Homepage der Fluggesellschaft informierst Du Dich über die gängigen Verordnungen. Bei einigen Airlines herrscht eine grundlegende Weigerung, das Haustier zu transportieren. Aus dem Grund studierst Du vor der Buchung die jeweiligen Vorschriften.

Sind die Tiere an Bord erlaubt, braucht der Bolonka Zwetna in der Regel nicht in das Gepäckabteil. Seine geringe Größe sorgt dafür, dass er in der Passagierkabine willkommen ist. Innerhalb seiner Box gilt er hier als Handgepäck.

Jedoch empfehle ich, auf folgende Punkte zu achten:
- Der Hund läuft nicht frei herum,
- er bleibt während des gesamten Flugs in der Kiste,
- beim Start und der Landung gehört das Behältnis unter den Sitz.

Passt der Behälter nicht unter Deine Sitzgelegenheit, schnallst Du ihn auf einem freien Platz fest. Die Fluggesellschaften verlangen für die Maßnahme in einigen Fällen einen Aufpreis. Erlauben die Airlines nicht die Mitnahme des Hundes in den Passagierraum, bereitest Du die Box auf einen Aufenthalt im Gepäckraum vor. Zuerst steht die Kontrolle der vorgeschriebenen Maße im Vordergrund.

Innerhalb der Box bewegt sich der Bolonka Zwetna ohne Schwierigkeiten. Die Höhe derselben ermöglicht es ihm, aufrecht zu stehen und sich, um die eigene Achse zu drehen. Um unangenehmen Gerüchen vorzubeugen, legst Du die Box mit saugfähigen Decken oder Tüchern aus.

Gleichfalls eignet sich zu dem Zweck ein Welpenpad. Uriniert der Rassehund, zieht der Harn in das Material ein, sodass keine feuchten Flecken entstehen.

Bei einem Ruck fällt der Bolonka unter Umständen gegen die Seiten der Box. Um Verletzungen zu vermeiden, polsterst Du sie aus. Zusätzlich legst Du ein Spielzeug hinein, damit das Tier keine Langeweile während des Flugs verspürt. Selbst bei erstklassigen Fluggesellschaften gehen Gepäckstücke im schlimmsten Fall verloren. Daher besteht die Notwendigkeit, den Hund identifizieren zu können. Als sinnvoll erweist es sich, an der Kiste ein Klebeschild oder alternativ eine Klarsichtfolie anzubringen. Darauf stehen der Name des Haustiers sowie Deine persönlichen Daten. Die Urlaubs- und die Heimadresse sowie die Telefonnummern gehören auf das Schriftstück. Zudem lohnt sich ein Bild des Bolonka Zwetna, um seine individuellen Merkmale zu dokumentieren. Weiterhin hilft es, die ID-Nummer auf dem Zettel zu vermerken. Kopien des Gesundheitszeugnisses sowie des Impfbuchs sorgen für die Sicherheit des Hundes. Gelangt er in ein Land mit strengen Bestimmungen, erfüllst Du auf die Weise die nötigen Einreisebedingungen.

Bei einer Flugreise empfehle ich Dir, den Bolonka vor Stress zu schützen und ausschließlich Direktflüge zu buchen. Mehrere Zwischenlandungen beunruhigen Dein Haustier. Zusätzlich besteht die Möglichkeit, dass der Hund allein in einem Gepäckraum auf den Weiterflug wartet. In der Zeit verspürt er Furcht. Für ihn stellt eine Flugreise eine Anstrengung dar. Zugunsten seines Wohls solltest Du ihm Langstreckenflüge ersparen und Reiseziele wählen, die nicht mehr als zwei Flugstunden entfernt liegen. Damit sich das Tier nicht in der Box erleichtert, servierst Du ihm zwölf Stunden vor Reisebeginn die letzte Mahlzeit. Zusätzlich löst sich der Hund bei der Ankunft auf dem Flughafen noch einmal, bevor er in die Transportbox geht.

Ist Dein Bolonka Zwetna von ängstlicher Natur, verschreibt ihm der Tierarzt ein leichtes Beruhigungsmittel. In der Regel handelt es sich um Reisetabletten, die den Hund zum Dösen bringen. Zudem braucht er zwingend ausreichend Flüssigkeit. Hierfür packst Du einen Napf in die Box oder befestigst an deren Gitter eine speziell für den Zweck konstruierte Wasserflasche. Der Hund schleckt an dem verlängerten Ende, um an die Flüssigkeit zu gelangen. Sinnvoll ist es, den Prozess mit dem Bolonka vor dem Antritt der Reise zu trainieren. Dadurch versteht er, wie er an das Wasser kommt.

Ernährung und Gesundheit

Der Bolonka Zwetna benötigt eine gesunde und ausgewogene Ernährung. Den Hauptbestandteil der Mahlzeiten bildet ungewürztes Fleisch, das Du mit Gemüse oder unbehandeltem Obst garnierst. Die Fütterung mit Rohkost nennt sich Barfen und besteht alternativ zum gekauften Hundefutter.

Die gesunde Ernährung des Bolonka

Auf die Gesunderhaltung des Bolonka Zwetna wirkt sich eine ausgeglichene Ernährung aus. Hochwertiges Futter erkennen die Besitzer am Geruch. Ein frischer Duft weist auf die gute Qualität der Inhaltsstoffe hin. Bemerkst Du, dass speziell dem Fleisch ein strenger anhaftet, gehört das Nahrungsmittel nicht in den Napf des Bolonkas.
Gesund erhältst Du Deinen Hund, wenn Du dessen Nahrung seinem Alter, seinem Gesundheitszustand und seiner Auslastung anpasst. Dein Bolonka sollte nicht mehr Kalorien zu sich nehmen, als er benötigt. Baut er die im Futter enthaltenen Fette nicht ab, verfettet er. Bereits bei kleinen Hunden führt Übergewicht zu gesundheitlichen Komplikationen wie brüchige Knochen oder eine Herzschwäche. Welpen befinden sich in der Entwicklung. Deshalb benötigen sie anderes Futter als die ausgewachsenen Bolonka. Achtest Du bei der Auswahl der Nahrungsmittel auf die Kennzeichnung der Altersklassen, machst Du nichts falsch. Im Fachhandel oder im Internet findest Du Trocken- und Nassfutter, dessen Zusammensetzung das gesunde Wachstum der Jungtiere fördert.

Damit sich Dein Bolonka Zwetna beim Fressen wohlfühlt, benötigt er einen ruhigen Futterplatz. Störungen beugst Du vor, wenn Du den Fressplatz beispielsweise in einem abgeschiedenen Zimmer einrichtest. Der Vorteil besteht darin, dass das Haustier sich ohne Ablenkungen auf die Narungsaufnahme konzentriert. Zusätzlich gelangen die Gerüche nicht in die stark frequentierten Räume. Alternativ stehen die Näpfe des Bolonka direkt an seinem Schlafplatz oder in der Küche. Letzteres ermöglicht eine zeitliche Abstimmung des Essens. Das bedeutet, dass der Hund Futter bekommt, wenn die Familie am Esstisch Platz nimmt. Daraus ergeben sich feste Fressgewohnheiten, die für eine geregelte Verdauung sorgen. An den Futterplatz gehören zwei bis drei Näpfe, von dem ein Exemplar Trockenfutter enthält.

Die knackigen Brocken sättigen das Tier und fördern die Zahngesundheit. Durch das Nagen an den harten Stückchen löst sich der Plaque auf den Fängen. Das trockene Futter entzieht dem Organismus Flüssigkeit, da es diese im Zuge der Verdauung bindet. Um eine Dehydrierung des Bolonka Zwetna zu vermeiden, bietest Du ihm in einem der Näpfe frisches Wasser an. Eine volle Wasserschüssel sollte für ihn immer erreichbar sein. Im Laufe des Tages gelangen Insekten und

Fremdkörper in die Flüssigkeit. Ebenso sammeln sich Bakterien in dem feuchten Gefäß. Nimmt der Hund die Schadstoffe auf, reagiert er im schlimmsten Fall mit Durchfall. Um dem Phänomen vorzubeugen, gilt es, das Wasser einmal, besser zweimal am Tag zu wechseln.

Den dritten Napf Deines Haustiers füllst Du ausschließlich während der Fütterungszeiten mit Nassfutter. Frühzeitig bestimmst Du die regelmäßige Zeitspanne, in dem Bolonka die Nahrung zur Verfügung steht. Zwanzig Minuten reichen für die Aufnahme des Futters im Regelfall aus. Frisst der Hund wenig, kannst Du den Napf weitere zehn Minuten stehen lassen. Danach gehört das verschmähte Nassfutter in den Bioabfall. Bleibt das Fleisch in der Schüssel, trocknet es aus. Bakterien dringen in das Futter ein und sorgen bei einem Verzehr für Infektionen. Speziell in der warmen Jahreszeit sammeln sich Fliegen auf dem Nassfutter. Sie legen ihre Eier in die Fleischstücke. Innerhalb kurzer Zeit wimmelt es in dem Napf vor kleinen, gelblichen Larven, die der Hund zusammen mit seinem Futter verspeist. Die Folge sind Magenkrämpfe sowie im schlimmsten Fall Koliken. Daher zählt es zu den Pflichten eines Hundebesitzers, den Inhalt der Futterschüsseln aufmerksam zu kontrollieren.

Bleibt beim Nassfutter nach der Nahrungsaufnahme eine größere Menge übrig, könntest Du das Futter im Kühlschrank lagern. Gerüche vermeidest Du, indem Du den Napf mit Alufolie abdeckst. Mit Rücksicht auf den empfindlichen Magen des Bolonka fütterst Du ihn nicht mit kaltem Fleisch. Ebenso wie die Aufnahme von Schadstoffen führte dies zu Krämpfen und Durchfällen. Zusätzlich beeinträchtigt die Kälte den Geschmack und den Geruch des Fleisches. Auf Deinen Bolonka wirkt es weniger appetitlich, sodass der Hund den Verzehr verweigert. Hierbei hilft es, das Futter kurze Zeit in der Mikrowelle zu ferhitzen. Bereits eine Minute in dem Gerät reicht aus, um die schmackhaften Düfte des Nassfutters freizusetzen.

Was füttere ich dem Welpen?

Abhängig von ihrem Alter brauchen die Bolonki unterschiedliche Nahrung. Neben der Zusammensetzung variiert die Häufigkeit der Aufnahme. Die Welpen der Rasse neigen zur Unterzuckerung. Der medizinische Fachausdruck für die gesundheitliche Problematik heißt Hypoglykämie. Dabei gelangt wenig Zucker in das Blut, wodurch eine Beeinträchtigung der Energieversorgung entsteht. Die Jungtiere befinden sich in der Entwicklung und brauchen mehr Nährstoffe als ihre ausgewachsenen Artgenossen. Fehlt es ihnen an diesen, kommt es zu einer Kreislaufschwäche.

Die Tiere zeigen in dem Fall ein apathisches Verhalten. Sie schlafen vermehrt und verweigern das Spielen. Zusätzlich besteht die Option, dass Dein Hund scheinbar grundlos erbricht. Hierbei beeinflusst ein aus der Unterzuckerung resultierender niedriger Blutdruck die Verdauung der Jungtiere.

Zusammen mit der Magensäure gelangen die unverdauten Futterreste zurück in die Speiseröhre, wodurch der Würgreflex entsteht. Um der Hypoglykämie vorzubeugen, verabreichst Du dem Bolonka-Welpen fünf bis sechs Futterrationen am Tag. Beobachtest Du das Tier in der ersten Zeit, stellst Du fest, ob es seine Nahrung komplett aufnimmt. Bleiben Reste im Napf, reichen vier bis fünf Mahlzeiten täglich. Die Menge hängt vom Bedarf des Hundes ab. Einige Jungtiere brauchen mehr Nährstoffe als andere, sodass sie größere Portionen fressen. Kaufst Du das Welpenfutter in einem Zoogeschäft, erhältst Du in den Beuteln eine abgemessene Menge. In der Regel enthält ein Tütchen 100 Gramm Nassfutter. Die jungen Bolonki benötigen am Tag 350 bis 400 Gramm Futter. Daher empfiehlt es sich, pro Mahlzeit eine halbe Tüte zu verwenden.

Auf keinen Fall solltest Du dem Bolonka Zwetna unbegrenzt Futter anbieten. Der Instinkt bei Haustieren ähnelt dem Verhalten ihrer wilden Verwandten. Das bedeutet, sie fressen, wenn Nahrung bereitsteht. Domestizierte Hunde wissen oftmals nicht, wann sie genug Nahrung aufnahmen. Daher führt der ständige Zugang zu Speisen schnell zu einer Verfettung. Damit Dein Bolonka Zwetna sein ideales Gewicht nicht überschreitet, solltest Du sein Futter an die empfohlene Tagesdosis anpassen.
Bis zum vierten Lebensmonat verändert sich die Futtermenge des Bolonka in der Regel nicht. Leidet der Hund unter Appetitmangel, verweigert er einzelne Mahlzeiten. Es besteht die Gefahr einer Unterzuckerung. Um den Appetit anzuregen und eine solche schwerwiegende Komplikation zu vermeiden, kannst Du Dir beim Tierarzt Multivitamin- und Mineralstoffpaste besorgen. Das Nahrungsergänzungsmittel enthält wichtige Nährstoffe für den jungen Hund. Auf den jeweiligen Präparaten stehen die zu verabreichenden Tagesmengen. Bei vielen Produkten reicht ein gestrichener Teelöffel aus, um den Bolonka Zwetna ausreichend zu versorgen. Alternativ besteht die Möglichkeit, den Appetit des Tiers anzuregen, indem Du sein Nassfutter erwärmst.

Die Hitze intensiviert den Fleischgeruch. Der Duft löst beim Bolonka das Hungergefühl aus. Verträgt der Welpe das Fertigfutter nicht, braucht er frische Produkte, um ausreichend Energie aufzunehmen. Als Besitzer besteht Deine Pflicht darin, die Nahrung für das Tier zuzubereiten. Dabei solltest Du auf eine ausgeglichene Versorgung achten. Neben dem Fleisch benötigt der kleine Hund Gemüse, damit Vitamine in den Organismus gelangen. Kohlenhydrate, die beispielsweise von Reis oder Kartoffeln stammen, fördern die physische Entwicklung des Jungtiers. Welpen brauchen vorwiegend Kalzium und Phosphor, da die Mineralien das Wachstum anregen. Demnach sollte sich in jeder Mahlzeit des Hundes Fleisch befinden.
Kommt Dein Bolonka Zwetna von einem Züchter, könntest Du diesen nach geeigneten Futtermarken oder alternativen Nahrungsmitteln für das Tier fragen. Die Mehrzahl der Zwingerbesitzer geben Dir beim Kauf des Hundes sein gewohntes Fressen mit.

Möchtest Du die Marke ändern, funktioniert dies ausschließlich mit Geduld und ausreichend Eingewöhnungszeit für den Rassehund. Ein abrupter Wechsel der Nahrung führt schnell zu einer gestörten Verdauung.

Bei der Futterauswahl für den Welpen liegt das Hauptaugenmerk auf ein gefördertes Knochenwachstum. Der Bolonka Zwetna benötigt demnach vorwiegend Fleischsorten, die eine große Menge Eiweiß enthalten. Zu ihnen gehört das Rindfleisch, dessen faserige Konsistenz gleichzeitig den Kauapparat des Hundes gesund hält. Sein spezielles Welpenfutter benötigt er bis zu seinem neunten Lebensmonat. Ab der 16. Woche verringerst Du die Menge der angebotenen Nahrung. Statt fünf bis sechs Portionen erhält das Tier drei bis vier Mahlzeiten am Tag. Sobald er als ausgewachsen gilt, sollte der Bolonka zweimal täglich Nassfutter bekommen. Dabei reicht eine Gesamtmenge von 250 Gramm aus, um Dein Haustier gut zu versorgen.

Was füttere ich dem erwachsenen Bolonka?

Ein ausgewachsener Bolonka Zwetna braucht im Normalfall zwei bis drei Futterrationen am Tag. Die exakte Menge hängt von seiner Aktivität und dem gesundheitlichen Zustand ab. Hunde, die sich sportlich betätigen, benötigen mehr Nährstoffe als ihre bequemeren Artgenossen. Für Deinen Rassehund gibt es unterschiedliche Futtermarken. In geeigneten Läden, dem Zoohandel oder im Onlineshop findest Du das Alleinfutter, das bereits alle wichtigen Inhaltsstoffe enthält. In zwei Tüten mit je 100 Gramm sind Vitamine, Mineralien, Kohlenhydrate und Eiweiße, die den Tagesbedarf des Hundes decken. Aus dem Grund verfütterst Du ihm keine weiteren Mineralstoffpräparate.

Die zusätzliche Gabe der Nahrungsergänzungsmittel führt zu einer Überdosierung, die dem empfindlichen Magen des Haustiers schadet. Die Nahrung wählst Du abhängig von seinen Vorlieben. Verschmäht es eine spezielle Geschmacksrichtung, bringt es nichts, den Bolonka Zwetna zu dem Verzehr zu zwingen. Durch das Stehenlassen des Nassfutters trocknet dieses ein und verliert seinen Geschmack.
Im schlimmsten Fall kommt es zu einer Inappetenz. Der Fachbegriff bezeichnet eine länger anhaltende Appetitlosigkeit, die zu einem Nährstoffmangel führt. In dessen Folge drohen gesundheitliche Probleme, zu denen beispielsweise Krämpfe gehören.

Ebenso beeinträchtigt eine anhaltende Routine die Fresslust des Hundes. Obgleich der Bolonka zu den Gewohnheitstieren gehört, bevorzugt er bei der Nahrungsaufnahme Abwechslung. In einer Packung Hundefutter befinden sich im Regelfall bis zu zehn Tüten mit diversen Zutaten. Reichen die verschiedenen Geschmacksrichtungen nicht aus, um den Bolonka Zwetna zufriedenzustellen,

bietest Du ihm frische Produkte an. Als Leckerbissen eignet sich Rindfleisch, wobei Du darauf Acht gibst, dass es ungewürzt bleibt. Salz und Pfeffer bringen das Gleichgewicht im Magen Deines Haustiers durcheinander, sodass es unter einer gestörten Verdauung leidet. Neben dem Rindfleisch kannst Du dem Tier gekochtes oder gegrilltes Geflügel servieren. Im Gegensatz zu Nassfutter enthält es die natürlichen Nährstoffe. Zusätzlich besitzt es eine feste Konsistenz, welche die Zähne des Hundes beansprucht.

Hierbei kombinierst Du die Ernährung des Bolonka mit einem besonderen Kauerlebnis. Schweinefleisch stellt in einem gebratenen Zustand kein Problem für den Hundemagen dar. Rohes Fleisch vom Schwein enthält dagegen spezielle Giftstoffe. Die Toxine führen im schlimmsten Fall zur Pseudotollwut.

Bei der Ernährung des Bolonka Zwetna solltest Du darauf achten, das Tier nicht zu vermenschlichen. In vielen Nahrungsmitteln, die Du zu Dir nimmst, stecken Inhaltsstoffe, die sich nicht für den Hund eignen. Speziell Zucker und ungesättigte Fettsäuren führen zu einer rapiden Gewichtszunahme des Haustiers. Vorwiegend in abgepackter Wurst existieren Zusatzstoffe, welche die Gesundheit des Rassehundes gefährden. Daher bietest Du ihm ausschließlich Hundefutter oder ungewürzte Speisen, die Du persönlich zubereitest, an. Glaubst Du, der Bolonka ist zu dick, sind fettarme Produkte keine Alternative. Um den Geschmack zu erhalten, reichern die Hersteller die Nahrungsmittel mit Süßmitteln und Fett an. Aus dem Grund sorgen sie bei dem Hund schneller zu einer Verfettung. Des Weiteren gilt es zu beachten, dass Süßigkeiten dem Tier schaden. Speziell Schokolade solltest Du nicht in Reichweite der Bolonki lagern.

Das Naschwerk enthält den Stoff Theobromin, der bei Hunden und Katzen tödliche Auswirkungen besitzt. Je dunkler die Schokolade ist, desto mehr des Inhaltsstoffs befindet sich in ihr. Bereits zwei Riegel Herrenschokolade reichen aus, um einen Bolonka-Welpen zu töten. Das Theobromin sorgt für schmerzhafte Krämpfe, die beim Hund zu Koliken und Erbrechen führen. Ausschließlich die rasche Hilfe des Tierarztes rettet das Tier vor den gefährlichen Folgen. Nahm der Bolonka eine größere Menge Schokolade zu sich, pumpen die Ärzte in der Tierklinik den Magen des Bolonka aus. Ebenso wie die gesundheitlichen Probleme bedeutet der Eingriff für ihn Stress. Um die Komplikationen zu vermeiden, sorgst Du dafür, dass der Hund nicht an Süßigkeiten gelangt.

Die Vorlieben der erwachsenen Bolonki gehen auseinander. Einige von ihnen bevorzugen Nassfutter und nehmen ausschließlich wenig Trockenfutter zu sich. Dagegen knabbern andere die knackigen Bröckchen gerne und verschmähen das Feuchtfutter. Beide Varianten besitzen Vor- und Nachteile, die Du als Hundehalter kennen solltest. Das Nassfutter enthält einen Großteil Flüssigkeit, sodass die Gefahr einer Dehydrierung ausbleibt. Speziell bei Hunden, die wenig trinken, eignet sich die Gabe der jeweiligen Tüten.

Allerdings sollte sich der Bolonka nicht ausschließlich von dem Feuchtfutter ernähren. Die mundgerechten Häppchen sind weich, sodass sie das Gebiss des Haustiers nicht beanspruchen. Unter dem Umstand leidet die Kiefermuskulatur des Hundes. Gleichzeitig entsteht durch das saftige Fleisch nicht genügend Abrieb an den Zähnen. Es bildet sich vermehrt Plaque, der über längere Zeit zu Zahnstein führt.

Den Nachteil brauchst Du bei dem härteren Trockenfutter nicht zu befürchten. Die Nahrung trainiert den Kauapparat des Bolonka Zwetna und stellt gleichzeitig einen guten Reiseproviant dar. Im Gegensatz zu dem Nassfutter riecht es weniger und lässt sich problemlos in einer Dose oder einem ähnlichen Gefäß transportieren. Das Portionieren fällt ebenfalls leichter und die Stückchen halten sich länger. Sie sind im Regelfall unkompliziert aus dem Napf zu entfernen, sodass die leichte Reinigung der Futterschüssel zu den Vorteilen zählt. Wie der Name verrät, enthält das Trockenfutter keinen Flüssigkeitsanteil. Deshalb braucht der Hund zwingend ausreichend Wasser. Der Umstand kann sich als Nachteil erweisen. Nach der Nahrungsaufnahme ruhen die Bolonki mit Vorliebe. Spaziergänge und Trainingseinheiten führst Du aus dem Grund vor der Fütterungszeit oder nach einer angemessenen Ruhepause durch. Stress und Anstrengung direkt nach dem Fressen führt bei dem Hund zu einer beeinträchtigten Verdauung. Durchfall oder Krämpfe entstehen als Folge. Im schlimmsten Fall droht eine Magenumdrehung, die ohne schnelle Hilfe des Tierarztes tödlich verläuft.

Snacks und Zusatzfutter für den Bolonka Zwetna

Bolonki freuen sich über kleine Naschereien zwischen den Hauptmahlzeiten. Kau-Artikel und Leckerchen helfen beim Training, da Dein Hund den Geschmack bevorzugt. Deshalb kommt es vor, dass das Tier nach den Leckerbissen bettelt. In einigen Fällen verweigern die Bolonki ihr richtiges Futter, um an die Häppchen zu gelangen. Hierbei gilt es, als Besitzer nicht nachzugeben. Die Leckerlis dienen als Belohnung und nicht als Nahrungsmittel. Verwöhnst Du Deinen Bolonka Zwetna, indem Du ihm bei jeder Mahlzeit Leckerchen servierst, setzt er schnell Fett an. Am Tag reicht eine Handvoll Knabbereien aus, um dem Tier eine Freude zu bereiten.
Das Knabberzeug für Hunde enthält zusätzliche Vitamine und Mineralstoffe. Auf den Packungen steht, welche Nährstoffe sich in den Leckerchen befinden. Daher solltest Du die Inhaltsstoffe aufmerksam studieren, um eine Überversorgung Deines Hundes zu vermeiden.
Beispielsweise führt eine zu große Menge Vitamin C zu einem schnelleren Abbau des Zahnschmelzes. Zu viel Vitamin E beeinträchtigt die Knochenstruktur. Speziell bei älteren Bolonki resultieren daraus brüchige Knochen. Bei einer Überdosierung des Vitamin A musst Du bei dem Hund mit Erbrechen rechnen. Deshalb verabreichst Du dem Haustier unterschiedliche Leckereien.

Steht auf der Packung eine explizite Altersklasse, solltest Du den Vermerk beachten. Seniorknabbereien beinhalten mehr Vitamine als beispielsweise Welpenleckerchen. In diese mischen die Hersteller vorwiegend Mineralstoffe, um das Knochenwachstum der Jungtiere positiv zu beeinflussen.

Als Leckerchen für den Bolonka Zwetna eignen sich gekaufte Produkte ebenso wie ungewürztes und rohes Frischfleisch. Letzteres ist, sofern es sich nicht um Schweinefleisch handelt, am gesündesten für Deinen Hund. Zudem profitiert das Haustier von Kau-Artikeln, die seine Kiefermuskulatur trainieren.

Den positiven Effekt erzielen beispielsweise:
- Dörrfleisch (bestenfalls Rind),
- Pansen,
- Rinderkopfhäute,
- Ochsenziemer,
- getrocknete Fische (nur leicht gesalzen) und
- Büffelhautknochen.

Alternativ verzehren Bolonki gerne Schweineohren. Die Produkte sind abgekocht, daher besitzen sie eine harte Konsistenz. Zudem verschwinden beim Erhitzen die Erreger, sodass keine Gefahr für den Hund besteht. Von Nachteil ist der hohe Fettgehalt der Schweineohren. Vorwiegend bei Welpen führt der Inhaltsstoff zu Problemen bei der Verdauung. Ersatzweise kannst Du ihm Kaninchenohren anbieten. Bei den jungen Bolonki sorgen die Kau-Leckerchen dafür, dass sich die Milchzähne lockern. Zudem wetzen die Tiere ihre Fänge an den Knabbereien ab. Der Vorteil besteht darin, dass der Hund sich eigenständig beschäftigt und gleichzeitig von einer verbesserten Gesundheit profitiert. Neben den genannten Artikeln eignen sich für den Bolonka-Welpen Puten- und Hühnerhälse sowie Markknochen. Kaufst Du die Produkte beim Fleischer, solltest Du auf das Abkochen verzichten. Durch den Prozess besteht die Gefahr, dass die Knochen splittern. In dem Fall könnte der Bolonka leicht ersticken. In den Markknochen steckt ein Großteil fetthaltiges Knochenmark. Um dem Risiko des Übergewichts vorzubeugen, entfernst Du den Inhaltsstoff.

Kennt der Hund die schmackhaften Leckerchen, sehnt er sie als Belohnung herbei. Eine günstige Alternative zu den Knabbereien besteht in einem Häppchen Trockenfutter. Das bedeutet, dass Du dem Bolonka Zwetna nicht zwingend die Leckerlis kaufst. Kommt er damit in Kontakt, verzichtet er ungern auf das Geschmackserlebnis.
Um dieses gesund zu gestalten, solltest Du ihm ausschließlich kleine Naschereien anbieten. Schnell führt eine Fleischstange zur Verweigerung des gewohnten Hundefutters. Bekommt das Haustier täglich Leckereien, besteht die Notwendigkeit, sein Gewicht im Auge zu behalten. Einmal in der Woche bewährt es sich, den Körperbau des Rassehundes zu überprüfen.

Dafür legst Du dem Tier, das Dir frontal gegenübersteht, beide Hände seitlich auf die Brust. Spürst Du bei leichtem Druck die Knochen, besitzt der Bolonka das richtige Gewicht. Bei übergewichtigen Hunden fühlst Du ausschließlich Fettpolster, die ein gesundheitliches Risiko bilden. Ist das bei Deinem Zwetna der Fall, schreibt der Tierarzt ihm einen Diätplan.

Frischfleisch und Vitamine – einfach barfen

Hunde mit einem empfindlichen Magen vertragen nur wenig Fertigfutter. Um ihnen eine gesunde und ausgewogene Ernährung zu bieten, eignet sich die Methode des Barfens. Der Begriff „Barf" steht für eine biologisch artgerechte Rohfütterung. Das bedeutet, dass Du den Bolonka Zwetna ausschließlich mit unbehandelten Nahrungsmitteln fütterst. Auf die Weise kommt das Tier nicht mit Zusatzstoffen und Chemikalien in Berührung. Das Hauptaugenmerk bei der Ernährung liegt auf einem großen Fleischanteil und einer Vielzahl an Ballaststoffen. Sie beeinflussen die Verdauung des Bolonka Zwetna positiv. In dem fertigen Futter aus dem Geschäft befindet sich im Regelfall eine hohe Konzentration an Kohlenhydraten. Diese Inhaltsstoffe entsprechen nur teilweise der Nahrung von Kaniden.

Die hohe Dosierung im Nassfutter führt schnell zu einer Gewichtszunahme bei den Tieren. Beim Barfen entscheidest Du, was Dein Bolonka frisst. Abhängig von seinem gesundheitlichen Zustand und der Aktivität variierst Du die Mahlzeiten und beugst Übergewicht effektiv vor. Bei der speziellen Ernährungsmethode erhält der Hund rohe Kost. Es bewährt sich, die persönlichen Vorlieben Deines Haustiers zu berücksichtigen. Bevorzugt es Geflügel, sollte dieses häufiger auf dem Speiseplan stehen. Ebenso wie rohes Rindfleisch, stellt es ungekocht keine Gefahr für den Bolonka Zwetna dar. Im Gegensatz zu dem vom Rind stammenden Fleisch erweist es sich als weich und zart. Des Weiteren besteht der Vorteil im geringen Fettanteil des Nahrungsmittels.

Beim Barfen stellst Du die Mahlzeiten Deines Hundes eigenständig zusammen. Daher kennst Du die einzelnen Bestandteile. Bei jedem Gericht sollte das Fleisch den größten Anteil bilden. Die Bolonki gehören zu den Fleischfressern, sodass eine auf Dauer fleischlose Kost gegen ihre Natur ist. Obgleich sie hauptsächlich Eiweiße benötigen, brauchen sie Kohlenhydrate, um ausreichend Energie zu gewinnen. Vitamine sind in einem ausgewogenen Gericht ebenfalls unerlässlich. Eine geeignete Mahlzeit nach der Barf-Methode besteht beispielsweise aus zwei Vierteln Geflügel oder gegrilltem Schweinefleisch. Ein Viertel bildet ungewürzter Reis, um den Hund mit Kohlenhydraten zu versorgen.
Alternativ eignet sich zu dem Zweck Kartoffelbrei, den Du ohne die Zugabe von Butter zubereitest. Für die letzte Portion wählst Du beispielsweise Karotten oder frische Erbsen. Auf Buttergemüse verzichtest Du aufgrund der Fette. Besser bekommen dem Rassehund Gemüsearten aus dem Glas oder frische Kost.

Hierbei kommt es auf die enthaltenen Vitamine an. Zusätzlich bevorzugt der Bolonka Zwetna eine abwechslungsreiche Ernährung. Beim Barfen variierst Du die Zusammensetzung abhängig vom Bedarf des Haustiers. Nach einer anstrengenden Sporteinheit braucht es Kohlenhydrate, um neue Energie zu sammeln. Abends reicht eine leichte Mahlzeit, die vermehrt aus Gemüse besteht. Letzteres fördert die Verdauung, sodass sich der Hund vor dem Schlafen ohne Probleme lösen kann. Produkte, die dem Bolonka beim Barfen schmecken, sind als Beispiele:

- Naturjoghurt,
- unbehandeltes Obst,
- Hüttenkäse
- und frische Kräuter.

Tiefkühlgemüse besitzt ebenso wie frische Artikel einen hohen Vitamingehalt. Jedoch verschwinden die wichtigen Zusatzstoffe während des Abkochens. Vorwiegend solltest Du dem Hund aus dem Grund rohes Gemüse vorsetzen. Alternativ lohnt es sich, die gesunden Nahrungsmittel zu garen. Aufgrund der niedrigen Temperatur bleiben die Vitamine und gleichzeitig die knackige Konsistenz erhalten. Als natürlicher Zuckerlieferant erweist sich frisches Obst. Viele Früchte, beispielsweise Äpfel beinhalten Pektine, die eine entgiftende Wirkung haben. Sie sorgen für die Regulierung des Säure-Basen-Haushaltes Deines Bolonka Zwetna. Des Weiteren profitiert der Rassehund vom Verzehr von nativem Olivenöl. Zwei bis drei Teelöffel der Flüssigkeit in regelmäßigen Abständen auf das Nassfutter des Tiers geträufelt verbessert die Haarstruktur des Hundes. Gleichzeitig nimmt das Öl einen positiven Einfluss auf den Verdauungsprozess. Für eine Optimierung der Sehkraft sorgt das Vitamin A. Vorwiegend existiert es in ungekochten Karotten und Tomaten. Um das Barf-Gericht zu würzen, eignen sich folgende Kräuter:

- Löwenzahn,
- Basilikum,
- Brennnessel,
- Dill sowie
- Petersilie.

Speziell ältere Tiere brauchen vermehrt Vitamine, die das Immunsystem stärken. Für den Bolonka Zwetna erfüllen Nahrungsergänzungsmittel den Zweck. Im Fachhandel erwirbst Du die fertigen Präparate, in welche die Hersteller unterschiedliche Obst- und Gemüsesorten mischen. Auf eine Eigenmedikation gilt es zu verzichten, da eine Überdosierung dem Hund schadet. Besser verlässt Du Dich auf den Rat eines erfahrenen Veterinärs, der Dir Vitaminmischungen empfiehlt. Vorwiegend die Vitamine A und E führen bei dem Bolonka Zwetna zu einem kräftigen und glänzenden Fellkleid.
Zink erweist sich als nützlich, um die Struktur der Haare zu verbessern. Ähnlich verhält es sich mit den Fettsäuren Omega-3 und Omega-6. Sie beeinflussen das Wachstum der Hundehaare positiv und verleihen dem Fell einen gesunden Glanz.

Um das Haustier mit den Zusatzstoffen zu versorgen, träufelst Du Leinöl oder Sonnenblumenöl über sein Futter. Achtest Du darauf, die Bolonki mit frischem Fleisch zu füttern, profitieren sie von der Zufuhr von Proteinen. Einen ähnlichen Effekt besitzt das rohe Eiweiß aus dem Hühnerei. Jedoch vertragen nicht alle Hunde die ungekochte Speise. Hier hilft es, dem Tier ein hart gekochtes Ei anzubieten.

Die im Eiweiß befindlichen Aminosäuren fördern das Knochenwachstum. Des Weiteren ist ein Stückchen Eierschale eine gute Ergänzung zur täglichen Nahrung. Der Kalk, aus dem die Schale besteht, enthält ausreichend Calcium, um den täglichen Bedarf des Bolonka Zwetna zu decken.

Um Deinen Hund artgerecht zu ernähren, solltest Du folgende Futterregeln beachten:

- Du entscheidest über die Menge, die Dein Hund pro Portion erhält.
- Du führst feste Fütterungszeiten ein.
- Der Bolonka verträgt zimmerwarme Speisen.
- Abwechslung im Napf beugt Inappetenz vor.
- Futterumstellungen gehen langsam vonstatten.
- Vitamine und Kohlenhydrate fördern die Gesundheit des Bolonka.
- Leckerlis dienen als Belohnung und nicht als Futter.
- Der Hund erhält rohe, unbehandelte Speisen.
- Fettige Produkte, beispielsweise Milch, schaden dem Tier.
- Rohes Schweinefleisch gefährdet die Gesundheit des Hundes.
- Schokolade und Süßigkeiten sind für den Bolonka tabu.
- Nach dem Essen braucht er eine Ruhepause, damit sich der Magen nicht dreht.

Durchfall, Verstopfungen und Blähungen

Treten bei Deinem Bolonka Zwetna Symptome wie Durchfall oder Blähungen auf, handelt es sich um eine Nahrungsunverträglichkeit. Ebenso führt salzige oder fettige Kost zu einer beeinträchtigten Verdauung. Die Mehrzahl der Bolonki reagiert auf Milch mit einem beinahe flüssigen Durchfall. Der Grund besteht in dem hohen Fettanteil, den Kuhmilch besitzt. Der Inhaltsstoff reizt den Darm des Hundes.
Im schlimmsten Fall kommt es zu einer dauerhaften gesundheitlichen Komplikation. Anhaltender Durchfall hat eine Dehydrierung zur Folge und gehört sofort in die Hände eines Tierarztes. Erkennst Du Blut im Stuhl des Hundes, leidet das Haustier unter einer Entzündung im Darmbereich. Ohne medizinische Hilfe kann der Infekt zum Tod des Bolonka führen.

Fehlt es dem Hund dauerhaft an Flüssigkeit, verhärtet sich der Kot. Das Tier leidet an Verstopfung. Du erkennst das Phänomen an speziellen Merkmalen. Beispielsweise hockt sich der Hund hin, um sein Geschäft zu verrichten, löst sich aber nicht. Hierbei bewährt es sich, leicht auf den Unterbauch des Haustiers zu drücken. Fühlt er sich hart an, liegt eine Darmerkrankung vor. Fettige Speisen sorgen neben Durchfall zu stark riechenden Blähungen.

Bei dem als Flatulenz bezeichneten Symptom handelt es sich um eine verstärkte Gasbildung innerhalb des Darms. Um die Verdauung des Hundes zu regulieren, bietet sich Schonkost an. Der Tierarzt empfiehlt Dir geeignete Diätprodukte für den Bolonka. Alternativ servierst Du ihm gekochtes Huhn und ungewürzten Reis. Die Nahrungsmittel beinhalten ausreichend Nährstoffe und wenig Fett. Daher beeinflussen sie die geregelte Verdauung des Haustiers zu seinen Gunsten.

Tipps für die Gesundheit

Regelmäßige Gesundheitschecks beugen Erkrankungen und einem Parasitenbefall vor. Bereits im Welpenalter erhält der Bolonka Zwetna die grundlegenden Impfungen, die Du alle drei Jahre auffrischst.
Die rassespezifischen Krankheiten betreffen vorwiegend die Gelenke und die Augen der Haustiere.

Impfungen und Gesundheits-Checks

Als Besitzer obliegt es Dir, für die Gesundheit Deines Bolonka Zwetna zu sorgen. Dabei gilt es, auf spezielle Kriterien zu achten, die sich wie folgt zeigen:

- eine ausgewogene Ernährung,
- ein angemessenes Gewicht,
- ausreichend Bewegung im Freien,
- eine gute Erziehung, um Unfälle zu vermeiden
- sowie ein glückliches Allgemeinbefinden.

Fehlt es dem Tier an Pflege und Aufmerksamkeit, wirkt sich der Umstand auf seine Immunabwehr aus. Daraus resultiert eine erhöhte Infektionsanfälligkeit. Um Deinen Hund vor Erkrankungen zu schützen, nimmst Du die jährlichen Impftermine mit ihm wahr. Trotz der Injektionen besteht die Option, dass der Bolonka erkrankt. Jedoch sorgen die im Vorfeld gebildeten Antikörper für einen leichteren Verlauf der Krankheit.

Um die Gesundheit des Haustiers zu gewährleisten, empfehlen die Tierärzte ein spezielles Impfschema. In der sechsten bis achten Lebenswoche sorgen die Züchter für die erste Schutzimpfung gegen Parvovirose und Staupe. Zudem kommen im zweiten Lebensmonat Injektionen gegen Hepatitis c.c., Leptospirose und Zwingerhusten hinzu. In der zehnten bis zwölften Lebenswoche kümmert sich der Zwingerbesitzer um eine Auffrischung der ersten Impfungen. Danach geht die Verantwortung für den Hund auf den neuen Halter über. Dessen Tierarzt impft den Bolonka Zwetna ab dem dritten Lebensmonat gegen die Tollwut. Des Weiteren befürworten Veterinäre des VDH die nächste Auffrischungsimpfung in der 16. Lebenswoche. Erneut bekommt der Rassehund Spritzen gegen Parvovirose, Staupe, Tollwut, Leptospirose, Hepatitis c.c. und Zwingerhusten. Die Erneuerung der Immunisierung braucht der Hund alle drei Jahre.

Zusätzlich bewährt es sich, jährliche Checks beim Tierarzt durchzuführen. Bei der Jahresuntersuchung kontrolliert der Tiermediziner den Bolonka auf Parasiten sowie innere und äußerliche Verletzungen. Findet er eine gesundheitliche Komplikation, leitet er die Behandlung zeitnah ein. Auf die Weise gelingt es, Risiken frühzeitig einzudämmen.

Um Deinen Bolonka Zwetna bei leichten Infekten oder nach einem Unfall zu Hause zu behandeln, benötigst Du eine Hausapotheke.

Zu den grundlegenden Utensilien darin zählen:

- benötigte Dauermedikamente,
- ein Mittel gegen Durchfall,
- Floh- und Zecken-Spot-ons,
- eine Zeckenzange,
- Desinfektions- und Wundspray,
- eine Wurmkur oder ein Spot-on,
- Ohren- und Augentropfen,
- Verbandsmaterial und Gaze,
- ein Fieberthermometer,
- Creme oder Vaseline, um rissige Ballen zu versorgen sowie
- ein Pfotenschutzhandschuh.

Weiterhin erleichtert die Kenntnis über die physiologischen Daten des Hundes einen ersten Gesundheitscheck. Um bei dem Tier Fieber festzustellen, berührst Du seine Ohren. Fühlen diese sich heiß an, liegt der Verdacht einer erhöhten Körpertemperatur nahe. Bei dem Bolonka Zwetna zeigt sich eine normale Temperatur von 38 bis 39 Grad Celsius. Ausschließlich die Welpen besitzen eine erhöhte Körperwärme von 39,3 Grad Celsius. Die reguläre Atemfrequenz der Haustiere liegt bei 30 bis 50 Atemzügen in einer Minute. Durchschnittlich beträgt der Puls 90 bis 120 Schläge in derselben Zeit. Beim gesunden Rassehund bemerkst Du eine glatte, feuchtglänzende Schleimhaut, die eine rosa Farbe aufweist.

Die Entwurmung des Bolonka Zwetna

Würmer treten bei den Hunden in jedem Alter und unabhängig von dem Allgemeinzustand auf. Die farblosen Endoparasiten befinden sich beispielsweise in Zecken und Flöhen. Beißen die Insekten den Bolonka Zwetna, übertragen sie mit ihrem Speichel die Würmer. Auf die Weise gelangen die Schädlinge in den Blutkreislauf der Hunde und setzen sich schließlich im Darm fest. Hier vermehren sich die Lästlinge. Mit zunehmender Länge stoßen sie Körperglieder ab. Diese wandern durch den Darm zum After des Wirts. Erkennst Du in dem Bereich weiße Krümel im Fell Deines Haustiers, handelt es sich um Würmer. Gewissheit erlangen die Besitzer, wenn sie die weißen Rückstände aufmerksam beobachten. Scheint deren Körper zu pulsieren, gelangte der Wurm erst kürzlich aus dem Hundedarm.
Nach einem längeren Aufenthalt im Freien trocknen die Parasiten ein und ähneln einem winzigen Reiskorn.

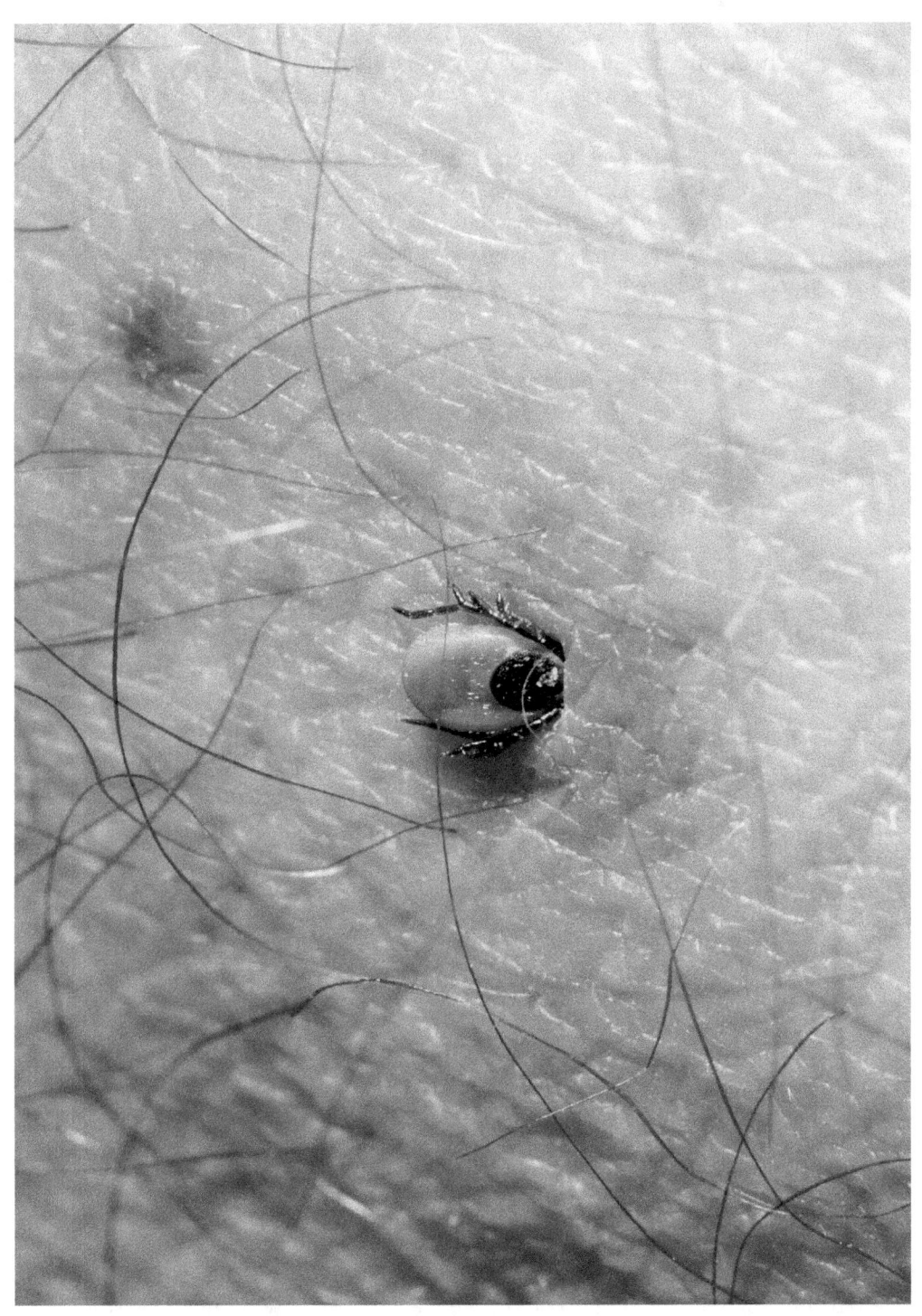

Nehmen andere Tiere den lebenden Schädling oral auf, infizieren sie sich ebenfalls. Ähnlich verhält es sich mit der Ansteckungsgefahr auf Menschen. Weißt Du, dass das Haustier unter Würmern leidet, desinfizierst Du die gesamte Wohnung. Kommen Kinder mit den Endoparasiten in Berührung, kommt es im schlimmsten Fall zu einer Infektion. Krämpfe und Durchfälle treten in der Folge auf.

Bei einem Verdacht auf den Wurmbefall bewährt es sich, den Kot des Bolonka Zwetna zu kontrollieren. Beim Ausscheiden gelangen die Lästlinge in den Darminhalt und wandern mit diesem aus dem After heraus. Die Hinterlassenschaft des Haustiers beinhaltet ebenfalls weiße Körnchen. Oftmals leben die Würmer in Kadavern toter Kleintiere.

Zu ihnen gehören beispielsweise Mäuse oder Vögel. Frisst der Rassehund das Aas, nimmt er gleichfalls die Würmer auf. Demnach beugt eine frühzeitige Floh- und Zeckenentfernung nicht in jedem Fall einer Wurminfektion vor. In der Regel bedeutet der Befall mit den Parasiten keine Lebensgefahr für den Bolonka. Die Schädlinge beeinträchtigen die Darmflora und führen zu Blähungen und Gastritis. Zusätzlich beeinflussen sie die Immunabwehr des Hundes negativ. Die ersten Anzeichen erkennst Du, wenn sich die Fellstruktur des Bolonka Zwetna verändert. Die Haare verlieren ihren Glanz und fallen vermehrt aus.
Des Weiteren besteht die Gefahr, dass die Würmer innerhalb des Blutkreislaufs wandern. Sie bleiben bei der Komplikation nicht im Darm, sondern sammeln sich in den Arterien. Daraus ergibt sich das Risiko einer Geschwürbildung. Um der Gefahr vorzubeugen, eignet sich eine regelmäßig durchgeführte Entwurmung. Viermal im Jahr erhält der Bolonka eine Wurmkur in Form einer Injektion. Wurm-Spot-ons schützen ihn ohne Mitwirkung des Veterinärs vor den Endoparasiten. Die praktischen Präparate findest Du in Fachgeschäften oder im Internet. Der Tierarzt empfiehlt Dir ebenfalls gebräuchliche Produkte.

Diese beinhalten eine flüssige Substanz, die gegen mehrere Wurmarten hilft.
Zu den bekannten Schädlingen gehören:
- Bandwürmer,
- Rundwürmer,
- Plattwürmer,
- Spulwürmer,
- Hakenwürmer und
- Peitschenwürmer.

Um den Spot-on aufzutragen, teilst Du das Fell des Hundes im Nacken. Die Stelle besitzt den Vorteil, dass das Tier die Lösung nicht ableckt. Siehst Du die Haut des Hundes, öffnest Du die Spot-on-Packung und träufelst ihren gesamten Inhalt auf die freie Fläche. Von dort dringt die Flüssigkeit in den Organismus ein und tötet die Würmer ab. Bei manchen Bolonki treten leichte Nebenwirkungen, beispielsweise Juckreiz, auf.

Verträgt das Haustier den Spot-on nicht, wählst Du als Ersatz eine Wurmkur zum Einnehmen. Vorwiegend bei Welpen kommt das Präparat, das Du in einer Spritzflasche erwirbst, zum Einsatz. Die Jungtiere reagieren auf ein starkes Wurmmittel mit einem gereizten Darm oder Erbrechen. Daher bekommen sie die milde Variante in Form der oral zu verabreichenden Medizin. Der Tierarzt erklärt Dir, wie viele Einheiten der Bolonka benötigt. Die Menge hängt dabei von seinem Körpergewicht ab. Du stellst die Spritzflasche auf die gewünschte Dosis ein und führst die schmale Öffnung in das Maul des Hundes. Es lohnt sich, ihm die Arznei schnell zu verabreichen, damit er sie nicht ausspuckt. Die Wurmkur wiederholst Du im Abstand von vierzehn Tagen, um sämtliche Parasiten zu vernichten. Neben der akuten Entwurmung fungieren die jährlichen Wurmspritzen als prophylaktische Maßnahme.

Der Bolonka beim Tierarzt – was gibt es zu beachten?

Die Kosten für einen Tierarzt variieren. Die Preise hängen von der Lage der Klinik, den Referenzen des Mediziners und der jeweiligen Behandlung ab. Demnach sparst Du Geld, wenn Du Dich im Vorfeld über die Kosten informierst und sie vergleichst. Bietet ein Veterinär günstige Konditionen, bedeutet das nicht, dass seine Leistung unzureichend ist. Darum lohnt es sich, Erkundigungen über die Tierärzte in der Umgebung einzuholen. In Zuchtvereinen oder dem Tierheim erhältst Du Empfehlungen für geeignete Praxen. Zudem fragst Du andere Hundebesitzer, um von ihren Erfahrungen zu profitieren.

Ein kompetenter Tiermediziner kümmert sich nicht ausschließlich um den Profit, sondern achtet auf das Wohl der Patienten. Du erkennst in seinem Umgang mit den Tieren seine Qualitäten als Arzt. Speziell eine sanfte Behandlung sorgt dafür, dass sich Dein Bolonka entspannt. Er wehrt sich nicht gegen die Hände des Arztes, sodass Untersuchungen schneller vonstattengehen. Ein Routine-Check-up kostet im Schnitt 20 bis 30 Euro. Bei der Kontrolle sieht sich der Veterinär den allgemeinen Zustand des Haustiers an.

Er überprüft das Fell, die Pfoten und Zähne. Zudem tastet er den Bauch ab, um Verhärtungen zu erfühlen. Findet er eine Komplikation, folgen die Behandlungen. Im Durchschnitt bezahlen Hundehalter für eine Wurmkur 15 bis 30 Euro. Der exakte Preis hängt vom verwendeten Präparat ab. Eine zusätzliche Zeckenimpfung kostet ebenfalls bis zu 30 Euro. Die grundlegenden Schutzimpfungen liegen zwischen 40 und 50 Euro. Der Hund profitiert von Sammelinjektionen in Form von nur einer Spritze. Das bedeutet, dass der Impfstoff gegen mehrere Erreger schützt. Versetzt der Tierarzt dem Rassehund einen Chip, rechnest Du durchschnittlich mit 25 Euro. Bei größeren Eingriffen, beispielsweise einer Sterilisation oder einer Kastration, schwanken die Preise. Seriöse Veterinäre sprechen die Kosten im Vorfeld mit Dir ab und erklären den Ablauf der Behandlung.

Parasiten, Zecken und Erreger

Um gesundheitlichen Problemen der Bolonki vorzubeugen, kontrollieren die Halter ihre Haustiere auf Endo- und Ektoparasiten. Bemerken sie Würmer, die zur ersten Gruppe gehören, schafft eine Wurmkur schnell und effizient Abhilfe. Ektoparasiten sind Schädlinge, die sich auf der Haut und im Fell der Hunde verstecken. Sie saugen das Blut der Haustiere und übertragen unter Umständen Krankheiten. Zu den bekannten Vertretern zählen die Zecken, die zu den Spinnentieren gehören. Sie lauern auf Gräsern oder Ästen, wobei sie ihre hinteren Beine in die Luft halten. An den Gliedmaßen existiert das Haller-Organ, ein Chemorezeptor. Mit seiner Hilfe riechen die Parasiten Milch- und Buttersäure, die der Bolonka Zwetna mit dem Schweiß ausstößt. Streift das Fell des Hundes den Aufenthaltsort der Zecke, klammert sich diese an den Haaren fest. Mehrere Stunden krabbelt sie über den Körper ihres Wirts, um eine geeignete Einstichstelle zu finden. Sie bevorzugt dünne, gut durchblutete Hautschichten. Speziell im Nacken, an der Schnauze und den Ohren der Bolonki beißen die Zecken zu. Sie dringen mit ihren Mundwerkzeugen in die Epidermis und saugen Blut. Die Flüssigkeitsregulation der Spinnentiere sorgt dafür, dass sie Wasser an ihre Wirte abgeben. Manche Zecken tragen Bakterien, die Borrelien, in sich.

Dringen sie mit der Flüssigkeit in den Blutkreislauf des Hundes, infiziert sich dieser mit der Borreliose. Die Krankheit nimmt im Regelfall keinen tödlichen Verlauf, dennoch solltest Du den Bolonka Zwetna regelmäßig auf die Ektoparasiten untersuchen und sie mit einer Zeckenzange absammeln.

Mit der Zange greifst Du nach dem Körper des Schädlings und es gelingt Dir, ihn aus der Haut zu drehen. Ein Zerdrücken der Zecke versuchst Du zu vermeiden, da ihr Mundwerkzeug in der Epidermis verankert bleibt und langsam herauseitert. Es drohen Entzündungen sowie Infektionen durch eintretende Bakterien. Neben der stetigen Zeckenkontrolle führst Du Floh- und Läuse-Untersuchungen beim Bolonka Zwetna durch. Leidet das Tier unter einem Flohbefall, führt der starke Juckreiz zu einem vermehrten Kratzen. Dadurch entstehen auf der empfindlichen Hundehaut Verletzungen, die ebenfalls zu eitrigen Stellen führen. Neben dem Verhalten des Rassehundes deuten weitere Symptome auf einen Flohbefall hin. Beispielsweise bemerkst Du zwischen den Haaren des Hundes schwarze Pünktchen. Hierbei handelt es sich um den Kot der Flöhe, die im Regelfall nicht auf dem Wirt leben. Stattdessen bauen sie ihre Nester in umliegenden Textilien. Die Fäkalien der Flöhe färben sich rot, sobald sie mit Wasser in Berührung kommen. Du diagnostizierst den Befall, indem Du die schwarzen Rückstände auf ein weißes Blatt Papier legst und mit Flüssigkeit beträufelst.

Mit einem Floh-Spot-on vernichtest Du die Parasiten ohne Schwierigkeiten. Du nimmst die Behandlung im Abstand von vierzehn Tagen wiederholt vor, um sämtliche Schädlinge zu entfernen. Zusätzlich besteht die Notwendigkeit, die Wohnung zu desinfizieren und alle Textilien zu waschen. Es gilt zu bedenken, dass erwachsene Flöhe erst bei einer Temperatur von 60 Grad Celsius sterben. Den Wert stellst Du an der Waschmaschine ein, um die Parasiten zu eliminieren. Leidet der Bolonka unter Läusen, helfen ebenfalls Spot-ons, um die ausgewachsenen Lästlinge zu vernichten. Jedoch legen die Ektoparasiten ihre Eier, die Nissen, in das Fell der Hunde. Du siehst dort weiße Punkte, die speziell am Haaransatz des Haustiers kleben. Um sie zu entfernen, nutzt Du einen Nissenkamm. Die Utensilien bestehen aus Metall und besitzen enge Zinken, um die Läuse-Eier aus dem Fell des Hundes zu ziehen.

Die Kastration – Was ist zu beachten?

Um unerwünschten Nachwuchs beim Bolonka Zwetna zu vermeiden, denkst Du frühzeitig über die Kastration des Haustiers nach. Den medizinischen Eingriff führen die Tierärzte bei männlichen und weiblichen Bolonki durch. Hierbei existiert ein deutlicher Unterschied zu der Sterilisation, die den Sexualtrieb der Hunde nicht beeinträchtigt. Bei der Operation durchtrennt der Veterinär den Eileiter beim weiblichen Bolonka und den Samenleiter bei dem männlichen Äquivalent. Im Gegensatz dazu entnimmt er bei der Gonadektomie die gesamte Gebärmutter und die Eierstöcke der Hündin sowie den Hoden des Rüden. Durch die Kastration schützt Du den weiblichen Bolonka Zwetna vor einer Scheinschwangerschaft. Bei dem Phänomen reagiert der Körper des Tiers auf einen nicht vorhandenen Fötus.
Die Hündin legt an Gewicht zu und neigt zu einem aggressiveren Verhalten. Oftmals tritt die Komplikation nach der ersten Hitze auf. Kastrierst Du das Bolonka-Weibchen vor der Läufigkeit, ersparst Du ihm die hormonelle Umstellung. Die entsprechenden Tiere besitzen einen starken Spieltrieb und benehmen sich Artgenossen gegenüber zahm.
Nach der Operation lebt das Haustier sexuell ruhiggestellt. Das bedeutet, dass die Hündin keinen blutigen Ausfluss aufweist. Zudem verliert sie ihre Attraktivität auf paarungswillige Rüden. Ein weiterer Vorteil besteht darin, dass durch die Entfernung der Gebärmutter keine Tumore in der Region auftreten. Weiterhin hemmt der Eingriff das Risiko der Diabetes.

Kritiker behaupten, eine frühzeitige Kastration beeinträchtige die Entwicklung des Skeletts der Hündin. Jedoch handelt es sich um einen Irrglauben, da der Eingriff keinen Einfluss auf das Wachstum nimmt. Der Vorteil der irrreversiblen Eindämmung der Sexualfunktion besteht in der Vorbeugung von Mamma-Tumoren. Der positive Effekt entsteht ausschließlich bei Tieren, deren Kastration vor der ersten Läufigkeit stattfindet. Nimmt der Tierarzt den Eingriff nach der zweiten Hitze vor, erhöht sich das Risiko für den Rassehund, an Gesäugekrebs zu erkranken. Einen Nachteil der Kastration bildet die Harninkontinenz.

Durch das Fehlen der Eierstöcke besitzt die Hündin weniger Geschlechtshormone, die für den Verschluss der Harnröhre sorgen.

In dessen Folge tropft der Urin unkontrolliert aus der Scheide des Haustiers. Beim männlichen Bolonka Zwetna ist es möglich, dass die Kastration das Wachstum hemmt. Nimmt der Veterinär den Eingriff vor der Geschlechtsreife vor, dauert das Skelettwachstum länger. Dadurch besteht die Wahrscheinlichkeit, dass der Rüde größer als seine fortpflanzungsfähigen Artgenossen wird.

Der Hauptgrund für die Kastration des Bolonka-Männchens ist das Eindämmen des charakteristischen Benehmens. Rüden neigen während der Geschlechtsreife zu einem aggressiven Verhalten gegenüber männlichen Hunden. Zudem verspüren sie den Drang, weibliche Artgenossen zu begatten. In der Folge versuchen die Haustiere, zu den läufigen Hündinnen zu gelangen. Des Weiteren kommt bei den nicht kastrierten Bolonki ein weißer Ausfluss vor. Die schleimige Substanz stammt aus der Vorhaut, wobei sich die Menge bei den Hunden unterscheidet. Bei einem starken Auftreten der Flüssigkeit sammelt sich der Schleim in den Bauchhaaren des Bolonka Zwetna. Auf lange Sicht entsteht ein unangenehmer Geruch. Der Zeitpunkt des medizinischen Eingriffs spielt bei den Rüden keine Rolle. Jedoch zeigen ältere Tiere nach der Operation kaum Veränderungen ihres Benehmens.

Das bedeutet, dass aggressives Verhalten bei dem ausgewachsenen Bolonka Zwetna trotz Kastration erhalten bleiben kann. Durch das Entfernen der Hoden verspüren die Haustiere einen verstärkten Appetit. Als Halter obliegt es Dir, die gewohnte Futtermenge beizubehalten. Gibst Du dem Tier mehr Nahrung, kommt es zu einer raschen Gewichtszunahme.

Typische Augenkrankheiten und die Goniodysplasie

Zu den charakteristischen Augenkrankheiten beim Bolonka Zwetna gehört die progressive Retina-Atrophie. Der Begriff bezeichnet eine fortschreitende Ablösung der Netzhaut. Unter der Erkrankung leiden die betroffenen Bolonki von Geburt an, jedoch ist der Zeitpunkt des Ausbruchs variabel. Oftmals bemerken die Halter erste Anzeichen zwischen dem dritten und sechsten Lebensjahr der Tiere. Bei der Komplikation bilden sich die Blutgefäße im Augenhintergrund zurück, sodass es zu einer mangelhaften Durchblutung kommt. In dessen Folge stirbt die Netzhaut ab und der Hund erblindet. Die ersten Symptome bestehen in einer schlechten Nachtsicht und erweiterten Pupillen während des Tages. Später leidet der Hund unter visuellen Beeinträchtigungen in der Dämmerung. Die Verschlechterung der Sicht schreitet bis zur vollständigen Erblindung fort. Gegen die Krankheit existiert bislang keine Therapie. Eine weitere Erkrankung, die Konjunktivitis, bezeichnet eine Entzündung der Bindehaut. Die langen Haare des Bolonka Zwetna reiben über den Augapfel und verursachen eine Reizung. Des

Weiteren entsteht die Inflammation aufgrund von anhaltender Zugluft oder dem Eindringen von Fremdkörpern. Leidet Dein Rassehund unter dem Phänomen, verschreibt der Tierarzt spezielle Augentropfen.

Bei manchen Bolonki rollen sich die Lider durch eine Reizung nach innen. Hierbei kratzt das Fell über den Augapfel und führt zu Irritationen. Der Fachbegriff für das Roll-Lid lautet Entropium. Verschwindet die Komplikation nicht von allein, hilft ausschließlich ein operativer Eingriff. Rollt das Lid nach außen, handelt es sich um das als Ektropium bezeichnete Hängelid. Auch dieses bringt der Veterinär im Zuge einer OP in seine gewohnte Position. In selteneren Fällen leidet der Bolonka Zwetna an:

- einer chronischen Hyperplasie des Glasauges,
- einer Ablösung der Linse (Linsenluxation),
- einer trockenen Hornhaut (Keratokonjunktivitis sicca)
- oder an einer Retinadysplasie.

Speziell bei Bolonki, die aus ausländischer Zucht stammen, tritt das vererbte Katarakt auf. Der Ausdruck besteht als Synonym für den grauen Star, wobei eine Eintrübung der Linse existiert. Das betroffene Tier leidet an einer kleinen blinden Stelle, die sich unter Umständen bis zur völligen Trübheit der Linse ausbreitet. Die Behandlung erfolgt über einen operativen Eingriff, bei dem die Mediziner diese zerstören und absaugen. Danach setzen sie dem Bolonka eine künstliche Linse ein, die sein Sehvermögen erneut herstellt. Die Goniodysplasie gehört ebenso zu den charakteristischen Augenkrankheiten der Kleinhunde. Bei der Krankheit handelt es sich um eine angeborene Anomalie innerhalb des Augapfels. Er besitzt zu eng anliegende Kammerwinkel, sodass die Augenflüssigkeit nicht abfließt. In der Folge steigt der Druck innerhalb des Organs.

Der Bolonka Zwetna verspürt bei der Erkrankung starke Kopfschmerzen. Zusätzlich führt der erhöhte Augeninnendruck zu einem Anschwellen des Augapfels auf bis zu der dreifachen Größe. Dadurch entsteht eine Beeinträchtigung des Sehnervs, der unter Umständen abstirbt. Der Rassehund erblindet, fühlt jedoch weiterhin die starke Pein durch den Druck im Augapfel. Hierbei besteht die Notwendigkeit, das Auge zu entfernen. Bislang existiert keine Therapie gegen die Goniodysplasie.

Rassespezifische Erkrankungen

Regelmäßige Impfungen sorgen dafür, dass der Bolonka Zwetna vor charakteristischen Infektionen geschützt ist. Zu ihnen zählen beispielsweise der Zwingerhusten oder die Staupe. Allerdings existieren bei den Kleinhunden rassespezifische Krankheiten, gegen die keine Impfstoffe helfen. Beispielsweise leidet das Haustier unter einer Entzündung der Analdrüsen. Sobald es zu einer Verstopfung der Organe kommt, schwellen sie an. Bakterien gelangen in den Bereich und führen zu

einer Infektion. Du erkennst die Erkrankung an dem Verhalten des Hundes. Der Bolonka leckt sich vermehrt am After, hebt die Hinterbeine abwechselnd an oder rutscht auf seiner Kehrseite durch die Wohnung. Speziell kleine Rassen leiden unter der Verstopfung der Analdrüsen. Tritt das Problem ein, hilft ausschließlich der Besuch beim Tierarzt. Dieser drückt die Drüsen aus und desinfiziert die entzündete Region. Vorwiegend ältere Bolonki leiden unter der HD abgekürzten Hüftgelenkdysplasie. Hierbei entsteht eine Fehlbildung der Hüfte, sodass sich über längere Zeit Arthrosen entwickeln. Die betroffenen Hunde vermeiden schnelle Bewegungen und neigen zu einem apathischen Verhalten. Abhilfe schafft ein operativer Eingriff, bei dem der Veterinär das Hüftgelenk richtet. Alternativ bieten Hunde-Physiotherapeuten eine Bewegungs- und Wärmetherapie an. Welche Wahl

Du für den Bolonka Zwetna triffst, hängt von seinem gesundheitlichen Zustand und der Schwere der Fehlbildung ab.

Als typische Erkrankung für die Kleinhunde erweist sich die Patella-Luxation, kurz PL. Der Fachausdruck bezeichnet eine Fehlbildung des Kniegelenks, die bei kleineren Rassen vermehrt auftritt. Speziell Hunde mit einem Körpergewicht von unter zwölf Kilogramm, leiden darunter. Dabei springt die Patella, die Kniescheibe, aus ihrer Verankerung. Der Knochen rutscht aus der Einkerbung am Ende des Oberschenkels und gleitet seitlich ab. Die Patella liegt bei den betroffenen Hunden nach innen oder außen verlagert. Neben der beeinträchtigten Bewegung spüren die Bolonki starke Schmerzen. Sie belasten das Bein kaum oder hinken. Bei einer leichten Ausprägung der Komplikation führt eine Überlastung des Hinterlaufs zu einer Verschlimmerung. Bemerkst Du, dass das Haustier starke Pein empfindet, machst Du mit dem Tierarzt einen Termin für eine Operation aus. Es bewährt sich, zwei fachkundige Meinungen einzuholen, um die beste Therapie für den Bolonka zu erhalten.

Homöopathie und Naturheilkunde

Ist der Bolonka Zwetna krank, schaffen nicht ausschließlich schulmedizinische Behandlungen Abhilfe. Manches Mal ersetzen homöopathische Therapien die operativen Eingriffe komplett. Bei den alternativen Maßnahmen tritt eine Besserung im Regelfall nach längerer Zeit ein. Der Vorteil besteht in den geringen Nebenwirkungen. Bei der Homöopathie behandeln die Naturheiler den Hund vorwiegend mit pflanzlichen Substanzen und Mineralien. Neben der Krankheit beeinflusst das Wesen des Haustiers die Heilung. Die Homöopathen und Naturheilkundler passen die Therapie an ihren Patienten an. Aus Wasser, Metallen und tierischen Stoffen entstehen Ursubstanzen. Diese verdünnen die Homöopathen und verarbeiten sie zu Dezimalpotenzen.

Der Bolonka Zwetna erhält die natürlichen Stoffe in Form von Injektionen, Tropfen oder Tabletten. Zusätzlich bieten die Naturheiler Globuli, Streukügelchen, an. Kommen ausschließlich Heilpflanzen zum Einsatz, konzentrieren sich die Verantwortlichen auf die als Phytotherapie bezeichnete Pflanzenkunde. Bei dem Verfahren behandeln die Homöopathen den erkrankten Bolonka mit Aufgüssen und Pulverisierungen aus Heilpflanzen und Kräutern. Vorwiegend nutzen die Phytotherapeuten Stoffgemische, um ein schnelles Resultat zu erzielen.

Eine weitere alternative Heilmethode stellt die Akupunktur dar. Laut der traditionellen chinesischen Medizin besitzt der Organismus 300 Akupunkturpunkte. Diese liegen auf unterschiedlichen Energiebahnen, die sich Meridiane nennen. Sticht die Akupunkturnadel in eine Bahn, kommt es zu einer Erwärmung. Dadurch fließt die Lebensenergie, das Qi, durch den Körper.

Das Verfahren zählt zu den Regulations- und Umsteuerungs-Therapien und dauert im Normalfall bis zu einer halben Stunde. Speziell Bolonki, die unter chronischen Schmerzen leiden, profitieren von der Behandlung, die zehn bis 20 Sitzungen umfasst. Hilft die normale Akupunktur nicht, um die Pein zu lindern, nutzen die Therapeuten die Goldakupunktur. Hierbei bleiben die kleinen Goldkugeln nach dem Einstich in der Energiebahn. Dadurch entsteht eine Stimulation der Schmerzrezeptoren. Auf die Weise bemerkt der Hund unangenehme Reize bei der Bewegung nicht länger. Um die Maßnahme durchführen zu lassen, suchen die Interessenten nach einem Tierarzt, der Erfahrungen in der Akupunktur besitzt.

Eine fehlerhafte Behandlung führt zu einer Verschlimmerung der Schmerzen oder chronischen Problemen. Bei der Landestierärztekammer erfragst Du die jeweiligen Praxen, welche die Therapie anbieten. Gegen dauerhafte Schmerzen hilft ein Osteopath, der dazu eine spezielle Berührungstechnik anwendet. Durch Druck und Reibung löst er Blockaden beim Bolonka Zwetna.

Die Erziehung des Bolonka

In der Regel lernen Welpen schneller als ihre erwachsenen Artgenossen, sodass Du die Erziehung frühzeitig beginnen solltest. Damit Dir das Haustier gehorcht, muss es seine Stellung innerhalb der Familie, die sein Rudel darstellt, kennen und akzeptieren. Durch ein konsequentes und gleichsam liebevolles Training gewinnst Du das Vertrauen des Hundes und bringst ihm den notwendigen Gehorsam bei.

Dominanz und Anpassung im Familienalltag

Der Bolonka Zwetna besitzt in der Regel ein friedliebendes Naturell. Er lässt sich nicht auf Dominanzkämpfe ein. Der Charakter der Tiere nimmt auf ihr Temperament Einfluss. Im Schnitt überzeugen sie aber aufgrund ihrer Folgsamkeit. Um ihm den Platz in der Rangordnung frühzeitig zu zeigen, braucht er vom Welpenalter an eine konsequente Erziehung. Bereits nach seinem Einzug lernt das Jungtier seine Stellung innerhalb der Familie kennen. Als Haustier steht es in der Rangordnung hinter den anderen Familienmitgliedern. Diese Position nimmt der Hund ohne Komplikationen an, da er mit Vorliebe gefällt. Die Unterordnung entspricht seinem Rudelverhalten. Dafür benötigt er eine klare Struktur im Familiengefüge. Der Bolonka möchte unmissverständlich wissen, wer die Alpharolle einnimmt. Vor dem Kauf des Tiers gilt es innerhalb der Familie zu beraten, wer die Erziehung übernimmt. Herrscht in der Frage Uneinigkeit, nutzt der Bolonka den Umstand aus.

Spricht beispielsweise Dein Partner ein Verbot aus, bettet er bei Dir. Hierbei versucht er, seine Grenzen auszuloten und zu überschreiten. Um das Verhalten zu unterbinden, entscheidet ihr frühzeitig, welches Familienmitglied die Rolle des

Alphas erhält. Dahinter kommt der Beta, der zweite Chef. Der Bolonka Zwetna schuldet ihm ebenso Gehorsam wie dem Oberhaupt seines „Rudels".

Als wichtig erweist es sich, die Kinder in die Erziehung des Hundes einzubinden. Versäumst Du es, ignoriert er Anweisungen Deiner Sprösslinge. Probleme entstehen in dem Fall bei Spaziergängen, wenn sich der Hund nicht unterordnet. Er verfällt dem Irrglauben, auf einer Stufe mit den Kleinen zu stehen. Du bringst ihm seine Stellung bei, indem Du einen Großteil der Erziehung in Gegenwart des Nachwuchses vollziehst. Lernt der Bolonka, auf die Kommandos der Kinder zu hören, integriert er sich in die Familie. Verbietest Du eine spezielle Verhaltensweise, setzt Du die Konsequenzen strikt durch. Beispielsweise möchtest Du nicht, dass das Haustier Nahrung vom Küchentisch stibitzt. In dem Fall folgt dem Tabubruch eine Sanktion. Hierbei unterscheiden sich zwei Formen: die negative und die positive Bestrafung. Im zuerst genannten Beispiel entziehst Du dem Hund etwas, das er mag. Du nimmst ihm sein favorisiertes Spielzeug weg, kurz nachdem er Essen vom Tisch gefressen hat. Alternativ verweigerst Du ihm Deine Aufmerksamkeit und ignorierst ihn für sein Fehlverhalten. Führst Du die Art der Bestrafung regelmäßig nach dem Futterklau durch, erkennt der Hund die Folgen seiner Tat. Er bringt die Missachtung mit dem Futterraub in Verbindung. Auf lange Sicht verliert die Tätigkeit ihren Reiz, da dem Bolonka das Ignorieren missfällt.

Bei einer positiven Bestrafung vollziehst Du die Konsequenz aktiv und für das Tier fühlbar. Versucht es, Nahrungsmittel vom Küchentisch zu stehlen, schiebst Du ihn wiederholt auf den Boden. Die Handlung führt dazu, dass der Bolonka Zwetna sein Vorhaben aufgibt. Alternativ besteht die Möglichkeit, ein präpariertes Fleischstück auf dem Tisch zu platzieren. Beispielsweise beträufelst Du einen Happen Rindfleisch mit Zitronensaft, sodass er sauer schmeckt. Schnappt der Bolonka Zwetna nach der schmackhaften Beute, vergeht ihm der Appetit. Wiederholte er das Szenario mehrmals, sieht er von dem Futterraub ab, da ihm keine leckeren Erfolge winken.

Um die Verbote durchzusetzen, handelt die gesamte Familie konsequent und zwingend einheitlich. Gibt ein Mitglied nach und verabreicht dem Bolonka Essen vom Tisch, verschwindet der Erziehungserfolg. In dem Fall denkt er, es gehöre zu seinen Rechten, Futter vom Küchentisch zu bekommen. Positive und negative Bestrafungen erfüllen nicht länger ihren Zweck.

Das Grundwissen zur Erziehung

Holst Du den Bolonka Zwetna als Ersthund in Deine Familie, stellt die Erziehung für beide eine Neuerung dar. Hierbei solltest Du im Vorfeld bedenken, dass das Haustier im Normalfall keine Kommandos kennt und in dessen Folge nicht darauf reagiert. Ausschließlich ältere Hunde verstehen die grundlegenden

Aufforderungen und richten sich danach. In seltenen Fällen weiß ein Jungtier, wann es sitzen, liegen oder an Deiner Seite laufen soll. Daher kannst Du von Deinem Bolonka Zwetna keine Wunder erwarten. Geduld gehört zu den wichtigsten Fähigkeiten bei der Hunde-Erziehung. Macht der Bolonka Zwetna anfangs keine Fortschritte, reagieren Halter unter Umständen ärgerlich oder frustriert. Die Grundhaltung erweist sich für das Lernen mit dem Haustier als negativ. Der Bolonka spürt Deine Unzufriedenheit und benimmt sich in der Folge unsicher. Dadurch bleiben die Lernerfolge aus. Um dem Tier und Dir die Erziehung zu erleichtern, informierst Du Dich über die relevanten Grundkenntnisse.

Zu ihnen gehören fünf gravierende Regeln:
- Bestärkung und Verständnis sorgen für den Aufbau von Vertrauen.
- Körperliche Bestrafungen stellen keine Alternative dar.
- Übungen solltest Du kurz und dafür öfter wiederholen.
- Das Lernen macht in einer ruhigen und entspannten Umgebung Spaß.
- Eine Überforderung führt zu Stress.

Ein Sprichwort sagt: „Was Hänschen nicht lernt, lernt Hans nimmermehr." Bei Hunden verhält es sich nicht anders. Die Welpen nehmen neue Kommandos schneller auf als ihre erwachsenen Artgenossen. Sie lernen rascher als diese. Es empfiehlt sich daher, die Erziehung bereits im Welpenalter der Tiere zu beginnen. Der Lernerfolg tritt ausschließlich bei gegenseitigem Vertrauen ein. Besteht eine emotionale Distanz zwischen Haustier und Halter, beeinflusst die Diskrepanz die Erziehung. Der Hund vertraut dem Besitzer nicht und reagiert auf Kommandos argwöhnisch. Durch seine Widerwilligkeit gestaltet sich die Integration in den Familienalltag zähflüssig. Bereits ein lautes Wort des Herrchens oder Frauchens sorgt dafür, dass der Bolonka Zwetna ängstlich reagiert.

Daraus resultiert eine Abwehrhaltung, die eine Erziehung erschwert. Um den negativen Effekt zu vermeiden, baust Du frühzeitig eine Vertrauensbasis zwischen dem Hund und Dir auf. Bestätigung und ausreichend Lob helfen, die Begeisterung des Welpens zu wecken. Versteht das Tier eine Lektion nicht auf Anhieb, solltest Du Geduld und Verständnis zeigen. Durch eine körperliche Bestrafung – Schläge oder das Zerren an Halsband und Leine – bricht das Vertrauen. Im schlimmsten Fall verweigert der Bolonka in der Folge die Zusammenarbeit.

Bei der Hunde-Erziehung bauen die Übungen aufeinander auf. Erst wenn der Bolonka Zwetna ein Kommando in Gänze beherrscht, fährst Du mit einer weiteren Anweisung fort. Ein langes Training zerrt an den Nerven von Hund und Halter. Speziell nach mehrmaligen erfolglosen Wiederholungen besteht die Gefahr, dass Frust und Enttäuschung zu einem angespannten Lernklima führen. Daher bewährt es sich, die Übungen kurz und regelmäßig zu praktizieren. Ausschließlich die stetige Repetition festigt die grundlegenden Lektionen. Zusätzlich bringt das Training in einer entspannten Atmosphäre Spaß, sodass der Hund mit Vorliebe an den Übungen teilnimmt. Hierbei achtest Du darauf, die Kommandos zu trainieren, wenn Du Dich ruhig und ausgeglichen fühlst. Missbilligung und Ärger spürt der Bolonka und glaubt, er sei für Deinen Missmut verantwortlich. Aus dem Irrglauben resultiert Stress, der die Leistungen des Haustiers negativ beeinflusst. Demnach gilt es, die Lektionen mit Geduld und Freude anzugehen. Beginnst Du das Training mit dem Bolonka Zwetna, bleibt dieser vorerst an der Leine. Priorität erhält seine Fixierung bei Übungen in der freien Natur. Bei einer Ablenkung läuft ein nicht angeleinter Hund auf die interessante Nebensache zu. Dadurch entsteht ein Bruch der stattfindenden Lektion und der Bolonka verliert die Lust am Lernen. Mit dem Führstrick gelingt es Dir, ihn unter Kontrolle zu halten. Gleichzeitig bewahrst Du Deinen Hund davor, in den Straßenverkehr zu laufen.

Weiß der Bolonka auf die grundlegenden Aufforderungen – vorwiegend Sitz und Bei-Fuß – zu reagieren, braucht er die Leine nicht zwingend. Mit dem Haustier trainierst Du immer eine Übung zur gleichen Zeit. Mehrere Lektionen überfordern den Hund und verursachen Stress und Unzufriedenheit. Gleichzeitig besteht die Notwendigkeit, ein Hör- und Sichtzeichen für den jeweiligen Befehl zu etablieren. Verwendest Du mehrere Kommandos, verwirrst Du den Hund. Zusätzlich achtet er auf Deine Stimmlage und die Betonung der Worte. Daher hilft es, eine Aufforderung in derselben Intonation zu formulieren. Deine Stimme sollte freundlich, aber bestimmt klingen. Spürt der Bolonka aufgrund eines fragenden Tonfalls Deine Unsicherheit, stellt er Deine Position als Alpha infrage. Er verliert unter Umständen den Respekt und verweigert weitere Lektionen. Kommt das Haustier einem Befehl zögerlich nach, wiederholst Du die Übung. Selbst Welpen versuchen, ihre Grenzen auszutesten. Sie nutzen die Nachsichtigkeit ihrer Besitzer aus.

Darum zeigst Du eine konsequente Haltung, um den Bolonka angemessen zu erziehen. Erzielt er einen Lernerfolg, solltest Du nicht mit Lob sparen. Durch Deine Begeisterung weiß der Hund, dass er sich Deinem Willen entsprechend verhält. Zudem erweisen sich Streicheleinheiten und Leckerli als positive Bestärkung eines Trainings. Die Belohnung bekommt der Hund erst, wenn er korrekt auf das Kommando reagiert. Lobst Du ihn bei einem fehlerhaften Verhalten, prägt er sich dieses ein und wiederholt es fortan. Damit das Tier die Freude an dem Lernen nicht verliert, enden die Übungen für ihn positiv. Gibst Du nach mehreren Misserfolgen frustriert auf und beendest das Training, kontert der Bolonka Dein Verhalten mit Desinteresse. Für ihn existiert in dem Fall keine Motivation, die Lerneinheit zu wiederholen.

Demnach könntest Du nach den Übungen ein Spiel mit dem Haustier durchführen. Während des Tobens lösen sich Anspannungen. Gleichzeitig verschwindet überschüssige Energie, sodass eine angenehme Erschöpfung für Halter und dem Tier entsteht.

Die Besonderheiten des Bolonka Zwetna

Die Besitzer eines kleinrassigen Hundes sehen sich oftmals einem Vorteil gegenüber: Sie besäßen einen Kläffer und Schnapper. Die unerwünschten Verhaltensweisen treten vorwiegend bei kleineren Hunderassen auf. Selbst beim ruhigen Bolonka Zwetna besteht das Risiko, dass er sich zu einem kläffenden Tyrannen entwickelt, sofern Du die Erziehung nicht konsequent durchsetzt. Anderenfalls kommt es zum Kleine-Hund-Syndrom. Der Begriff bezeichnet die Nachsichtigkeit gegenüber kleineren Rassen. Ihr Benehmen verursacht bei den Haltern weniger Missbilligung als es bei einem größeren Artgenossen der Fall wäre. Das beste Beispiel stellt das Anspringen von Gästen dar. Springt ein großer Hund – beispielsweise ein Schäferhund oder eine Deutsche Dogge – einen Gast an, reagieren Halter und Besucher gleichermaßen empört. Sofort bekommt das Tier eine Rüge, wenn sein Gewicht den Angesprungenen zu Boden wirft. Hopst dagegen der Bolonka Zwetna an den Beinen einer Person hoch, trifft sein Verhalten auf Wohlwollen. Aufgrund seines niedlichen Aussehens erhält der Hund Aufmerksamkeit und Streicheleinheiten. Dadurch wiederholt er das Anspringen von Gästen regelmäßig, um die positive Erfahrung erneut zu erleben.

Dabei gilt es zu bedenken, dass sich das Benehmen von großen und kleinen Hunden nicht unterscheidet. Beide versuchen durch den Sprung, ihre Vormachtstellung zu behaupten. Sie verhalten sich dem Besucher gegenüber respektlos, um ihre Dominanz zu zeigen. Obgleich der Bolonka während seiner Handlung niedlich und harmlos aussieht, schleicht sich eine unerwünschte Verhaltensweise ein. Schließlich weiß das Haustier nicht, dass es zu den Hunden gehört. Es bringt Deine Nachsicht nicht mit seiner Größe in Verbindung, sondern glaubt an seine eigene Alpha-Stellung. Damit die Erziehung nicht fehlschlägt, zeigst Du von Anfang an Konsequenz und Strenge. Versucht der Bolonka, an einem Gast oder Dir hochzuspringen, verweist Du ihn umgehend an seinen Platz. Für Hunde bedeutet Distanz Respekt. Kommen die Bolonki einer Person unerwünscht nahe, benehmen sie sich respektlos. Damit sie ihre Position innerhalb der Familie verstehen, gilt es, ihnen das Anspringen frühzeitig abzugewöhnen. Ein strenges „Nein!" sorgt dafür, dass der Hund sein Fehlverhalten bemerkt. Du solltest das Verbot stetig durchsetzen, sodass es sich bei dem Tier einprägt.

Das Kleine-Hund-Syndrom nimmt gleichermaßen auf die Sozialisierung Einfluss, sofern Du es nicht unterbindest. Knurrt der Bolonka Zwetna andere Haustiere oder die Kinder an, lässt Du ihm das Benehmen besser nicht durchgehen. In der Regel erweist sich das kleine Tier nicht als Gefahr für den Menschen. Aus dem Grund sieht die Mehrheit das Knurren als unangenehme, aber akzeptable Macke des Bolonka Zwetna an. Hier liegt der Fehler, da eine mangelnde Sozialisation auf keinen Fall zu tolerieren ist. Erlaubst Du ihm, Familienmitglieder anzuknurren, bestärkst Du das Tier in seiner Respektlosigkeit. Der Bolonka muss frühzeitig lernen, dass sein Platz in der Rangordnung unter den anderen Bewohnern des Haushalts liegt. Das bedeutet, dass er ihnen gegenüber keine Drohgebärden zeigen darf. Verstößt er dagegen, bringst Du ihn beispielsweise aus dem Raum. Dadurch strafst Du ihn mit Missachtung und sein Verhalten verliert für den Hund den Reiz. Des Weiteren zählen das Kläffen und Schnappen zu den unerwünschten Eigenschaften, die Besitzer ihren Haustieren durchgehen lassen. Erlaubst Du dem Bolonka Zwetna, lauthals zu bellen, „legalisierst" Du die Handlung. Demzufolge hört der Hund später nicht auf Verbote, sondern kläfft und jault, wann es ihm beliebt.

Eine inkonsequente Erziehung führt schnell dazu, den Bolonka zu verziehen. Dabei besteht das Risiko darin, unerwünschtes Benehmen zu verniedlichen. Beispielsweise springt er Dir während des Essens oder der Arbeit am Schreibtisch auf den Schoß. Bei einem größeren Haustier reagiert die Mehrzahl der Betroffenen mit einer strengen Rüge, da der Hund stört. Der kleine Bolonka dagegen darf auf den Schenkeln des Halters Platz nehmen und erhält die begehrten Zärtlichkeiten. Dabei gilt es zu bedenken, dass das Anspringen in dem Fall kein Zeichen der Zuneigung ist. Der Hund sucht nicht Deine Nähe, sondern nimmt aus seiner Sicht sein Eigentum in Besitz. Indem er auf Dich springt, demonstriert er seine Dominanz und markiert Dich als sein Besitztum. Ähnlich verhält es sich, wenn das Tier an Deiner Seite sitzt und andere Familienmitglieder anknurrt. Sein Verhalten bedeutet nicht, dass er Dich beschützt. Stattdessen verteidigt er seine Stellung als vermeintlicher Anführer des Rudels. Bei der Erziehung des Bolonka Zwetna entscheidest Du, welche Handlungen Du ihm erlaubst. Das bedeutet, er springt einzig auf Deinen Schoß, wenn Du es ihm gestattest. Nähert er sich ohne Aufforderung, solltest Du Dich nicht scheuen, ihn zurückzuweisen. Damit hebst Du Deine Position als Familienvorstand hervor, sodass Dir das Haustier Respekt zollt.

Wie lernt der Bolonka die Leinenführigkeit?

Bei einem Spaziergang und dem Training geht der Bolonka Zwetna an der Leine. Daher sollte er frühzeitig lernen, den Führstrick zu akzeptieren und auf Deine Gesten zu achten. Zerrt oder reißt das Tier an dem Lederband, übt er auf die Weise Macht aus. Er versucht, über Dich zu bestimmen. Gleichzeitig demonstriert er seine Vormachtstellung, wenn er bei einem Ausflug die Richtung wählt. Der Bolonka erkennt seine Stellung Dir gegenüber, wenn Du Dich in jeder Situation behauptest. Du entscheidest über den Weg, den ihr bei einer Tour nehmt. Ebenso legst Du die Pausen fest, wobei Du auf das Wohl Deines Begleiters Rücksicht nimmst. Zeigt das Tier Anzeichen einer Erschöpfung, braucht es die Rast, um neue Energien zu tanken. Bleibt der Bolonka aus Trotz stehen, erweist sich das Benehmen als Dominanzgebaren. Es liegt an Dir, Deinen Willen durchzusetzen. Mit einer liebevollen und gleichzeitig strengen Erziehung erleichterst Du dem Hund die Eingliederung in die Familie. Er lernt, Dir zu vertrauen und akzeptiert die Regeln und Verbote. Bei einem Spaziergang besteht das Ziehen an der Leine als eine negative Angewohnheit. Bereits im Welpenalter muss der Bolonka lernen, mit seinem Besitzer Schritt zu halten, statt ihm vorauszueilen. Als Jungtier kennt der Hund den Führstrick nicht. Dessen Zug fühlt sich für ihn ungewohnt an, sodass er Angst vor dem Utensil verspürt. Damit keine Schwierigkeiten auftreten, machst Du das Haustier mit dem notwendigen Zubehör vertraut. Es hilft, dem Hund das Band zum Schnuppern hinzuhalten. Versucht er, daran zu knabbern, hältst Du ihn mit einem vehementen „Pfui!" oder „Nein!" davon ab.

Nach dem ersten vorsichtigen Kontakt mit der Leine hakst Du sie in das Halsband des Hundes ein. Langsame Bewegungen nehmen dem Haustier die Nervosität. Gleichzeitig erleichterst Du es ihm dadurch, sich an den Zug an seinem Hals zu gewöhnen. Vorerst reicht es aus, eine kurze Strecke mit dem Bolonka Zwetna zu gehen. Er hört das Klappern der Karabinerhaken an dem Band und bemerkt dessen Gewicht. Auf eine einziehbare Leine solltest Du verzichten, da der schnelle Zug den Hund würgt. Des Weiteren besteht die Option, dass er sich vor dem schnappenden Geräusch fürchtet. Scheut das Tier vor einer regulären Lederleine, bewährt sich eine positive Verstärkung. Dafür verabreichst Du ihm beispielsweise ein Leckerchen oder lockst es mit seinem Lieblingsspielzeug.

Verweigert der Hund das Gehen an der Leine, bleibst Du konsequent, um ein aufsässiges Verhalten zu unterbinden. In einigen Fällen legen sich die Bolonki auf den Boden, um dem Zug des Führstricks zu entgehen. Durch das Benehmen versucht der Hund, Dein Durchsetzungsvermögen zu testen. Mit Bestätigung und Lob nimmst Du dem Bolonka die Angst und gewöhnst ihn an das wichtige Utensil.

Das Interesse der Hunde hängt von ihrem individuellen Charakter ab. Einige reagieren nicht auf Leckerchen oder Spielsachen. Stattdessen interessieren sie sich für Dich als Person. Beispielsweise behältst Du das favorisierte Spielzeug des Haustiers in der Hand und entfernst Dich mehrere Schritte von ihm. Dabei gilt es darauf zu achten, dass die Leine nicht spannt, sondern locker zwischen euch hängt. Neugierig folgt der Hund Deiner Bewegung. Sobald er Dich erreicht, läufst Du erneut einige Schritte weiter. Schnell findet der Bolonka Zwetna Gefallen an dem Spiel und läuft freiwillig an dem Führstrick. Empfindet der Hund dennoch Angst vor dem Band, lässt Du es fallen und entfernst Dich einige Meter. Dabei beobachtest Du die gegenwärtige Verkehrslage, um Unfälle zu vermeiden. Ausschließlich in einer ruhigen Umgebung funktioniert die Taktik, bei der Dir der Hund ohne Leinenzwang folgt. Er sucht Deine Nähe aus Furcht, dass Du ihn allein zurücklässt. Geht das Tier an dem Führstrick, bringst Du ihm einen gemäßigten Schritt bei. Das heißt, Du gewöhnst ihm das Drängeln und Zerren frühzeitig ab. Bei einem Ausflug ins Freie findet der Bolonka Zwetna zahlreiche Ablenkungen. Um diese schnell zu erreichen, stemmt er sich gegen die Leine. Die Verhaltensweise ahndest Du, indem Du beispielsweise an Dein Führbein klopfst. Das Geräusch weckt das Interesse des Hundes und er kommt zu Dir. Wiederholst Du die Tätigkeit jedes Mal, wenn er an dem Band zerrt, tritt ein Lernerfolg ein. Der Bolonki erkennt, dass es sich lohnt, an Deiner Seite zu bleiben. Hierbei dienen Leckerchen als positive Verstärkung.

Wie funktioniert das „Bei-Fuß"-Training?

Speziell in der Öffentlichkeit ist es wichtig, dass der Bolonka Zwetna auf Kommando zu Dir kommt. Demnach trainierst Du bereits mit dem Jungtier das Bei-Fuß-Laufen. Als Hörsignal eignet sich beispielsweise der Befehl „Hier". In der ersten Zeit besitzen die Worte für den Hund keine Bedeutung. Er hört nicht darauf, sondern läuft zu den Dingen, die ihn interessieren. Damit er Dir nicht abhandenkommt, führst Du die Übung vorerst in einer umzäunten Umgebung durch. Gute Plätze bilden ein Garten oder ein weitläufiger Hundepark.

Alternativ wählst Du eine ruhige Waldlichtung, die wenig Ablenkungen birgt. Um das Kommando zu erlernen, solltest Du eine zweite Person um Unterstützung bitten. Sie hält den Bolonka fest, während Du Dich einige Schritte entfernst.

Mit Handzeichen und ermutigenden Worten machst Du das Tier auf Dich aufmerksam. Zusätzlich hilft es, Leckerlis oder ein Spielzeug bereitzuhalten. Sobald Du „Hier!", rufst, lässt Dein Helfer den Hund los und dieser läuft zu Dir. Kommt er bei Dir an, festigt ein überschwängliches Lob das Erlernte. Rennt er in eine andere Richtung, lockt Deine Begleitperson ihn zu sich und ihr wiederholt die Übung.

Bei dem Bei-Fuß-Training lohnt es sich, auch das spontane Verhalten des Bolonka Zwetna zu honorieren. Kommt er aus einem Impuls heraus zu Dir, sagst Du „Hier" und streichelst ihn. Den Befehl bringt er mit der angenehmen Erfahrung in Verbindung. Ebenso nützt es, die Lektion während der Fütterungszeiten zu wiederholen.

Dein Helfer hält das Haustier in einem Zimmer der Wohnung fest, derweil Du Futter in seinen Napf schüttest.

Speziell bei Trockenfutter kannst Du die Packung schütteln, damit der Hund das Geräusch wahrnimmt. Sobald der Napf gefüllt ist, lässt Deine Begleitperson den Bolonka Zwetna los. Er läuft zu seiner Futterstelle und damit automatisch zu Dir.

Erreicht er Dich, sprichst Du erneut den Befehl „Hier!" aus.
Damit erfüllt das Futter den Zweck einer Belohnung und festigt die Aufforderung.
Funktioniert das Bei-Fuß-Laufen in einem geschlossenen Umfeld, dehnst Du das
Training auf das offene Gelände aus. Hierbei verwendest Du besser eine Leine,
um eine Flucht des Haustiers zu vermeiden.

Der Bolonka – allein zu Haus

Obgleich der Bolonka Zwetna klein und folgsam ist, kannst Du ihn in jeder
Situation mitnehmen. Daher muss das Tier frühzeitig lernen, allein zu Hause
zu bleiben. Kläfft oder jault der Hund aus Einsamkeit, stößt sein Benehmen auf
Missbilligung der Nachbarn und Passanten. Demnach trainierst Du das Haustier
darauf, in Deiner Abwesenheit ein gesittetes Verhalten zu zeigen.
Vorwiegend die Welpen der Rasse vermissen ihre Halter und „rufen" lautstark
nach ihnen. Speziell bei einem plötzlichen Verlust der Familie reagieren die Tiere
ängstlich. Aus dem Grund besteht die Übung nicht darin, die Wohnung zu verlassen und den Hund sich selbst zu überlassen. Stattdessen beschränkst Du Dich
vorerst darauf, Dich aus dem Zimmer zu entfernen.

Dafür nutzt Du Gelegenheiten, bei denen der Bolonka anderweitig Beschäfti-
gung findet. Beispielsweise verlässt Du den Raum, wenn das Haustier mit seinem
Kauknochen spielt. Nach mehreren Minuten kehrst Du zurück und lobst den
Hund. Dadurch bringt er Deine Rückkehr mit der positiven Erfahrung in Zusammenhang. Nach einer erfolgreichen Übung verlängerst Du die Zeiten Deiner
Abwesenheit. Zeigt der Bolonka Zwetna ein entspanntes Verhalten, gehst Du aus
der Wohnung heraus. Auch hierbei gilt es, die Abstände zwischen Verlassen und
Rückkehr zu vergrößern. Zusätzlich solltest Du darauf achten, den Hund vor Deinem Gehen nicht auf Dich aufmerksam zu machen. Sieht das Haustier, dass Du
aufbruchsbereit bist, setzt bei ihm die Trennungsangst ein. Dadurch entwickelt
sich der Abschied zu einem langwierigen und stressigen Prozess für den Hund.

Mit zunehmendem Alter verschlafen die Bolonki die Abwesenheit ihrer Familie.
Jungtiere reagieren auf den vermeintlichen Verlust nervös, sodass sie zu einem
ruhelosen Benehmen neigen. Damit die Tiere ausgeglichen in der Wohnung
bleiben, beschäftigst Du sie vor dem Weggang. Eine ausgedehnte Runde zu Fuß
sorgt dafür, dass der Bolonka seine Energie auspowert. Nach dem Spaziergang
erhält der Hund sein Futter, sodass er satt und zufrieden ist. Beide Faktoren
gewährleisten eine angenehme Schläfrigkeit des Welpen. Er nutzt die Zeit Deines
Fernbleibens, um sich auszuruhen. Des Weiteren beruhigen bekannte Geräusche
den kleinen Hund. Schaltest Du beispielsweise den Fernseher oder das Radio ein,
glaubt der Bolonka, Gesellschaft zu haben. Zudem besteht die Option, vertraute
Gerüche zu verwenden, um ihm Sicherheit zu vermitteln.

Ein getragenes Kleidungsstück im Korb des Hundes nimmt ihm die Nervosität. Weißt Du, dass Du das Haus für einen längeren Zeitraum verlässt, bietest Du ihm mehrere Möglichkeiten zur Beschäftigung. Mit Kauspielzeugen oder Fressbällchen vertreibt sich der Hund mühelos die Zeit. Letzteres bezeichnet einen mit Löchern gespickten Ball, in den Du die Leckerlis Deines Bolonka füllst. Bewegt er das Spielzeug, fallen die schmackhaften Häppchen heraus. Der Fachbegriff für das Utensil lautet Kong.

Haltungstipps und Pflege

Für eine artgerechte Versorgung des Bolonka Zwetna kämmst Du das Fell des Hundes mehrmals in der Woche. Mit einer Bürste und einem Kamm mit engen Zinken beugst Du Verfilzungen vor und bewahrst das Haustier vor dem Scheren. Neben der Fellpflege kontrollierst Du täglich die Augen und die Ohren des Hundes, um Verunreinigungen oder Parasiten frühzeitig zu erkennen.

Fellpflege und Trimmen

Aufgrund seiner langen Haare benötigt der Bolonka Zwetna eine regelmäßige Fellpflege. Sie schließt das Ausbürsten abgestorbener Härchen, die im Gegensatz zu anderen Rassen nicht ausfallen, ein. Dafür verwenden die Besitzer eine Bürste mit spitzen Zinken.

Spezielle Hundestriegel erhältst Du in einem Fachhandel oder im Onlineshop. Im Vergleich zu einem normalen Kamm besteht der Striegel aus einem festeren Material. Der Umstand gewährleistet, dass die Zinken nicht abbrechen und im Fellkleid des Hundes hängen bleiben. Nach dem Striegeln nutzt Du eine Noppenbürste, um die Durchblutung des Hundes anzuregen.

Die Utensilien besitzen aus Gummi bestehende Abrundungen an den Borsten. Die kleinen Kügelchen rollen während der Fellpflege über die empfindsame Haut des Haustiers. Damit erfüllen sie eine Massagefunktion.
Du bürstest das Fell des Bolonka Zwetna im Idealfall zweimal in der Woche. Versäumst Du den Vorgang, verfilzen die Haare. Abhängig von deren Struktur entstehen die Knötchen bereits nach wenigen Tagen. Locken verknoten schneller als wellige Haare, deshalb solltest Du einen stark gelockten Bolonka mehrere Male die Woche kämmen.

Zudem gehört das Schneiden und Trimmen zu den relevanten Pflegemaßnahmen. Beim Trimmen handelt es sich um die Entfernung abgestorbener Härchen mithilfe eines Trimm-Messers. Vorwiegend bei langhaarigen Hunderassen ersetzt die Maßnahme das natürliche Abreiben des Fells an Bäumen oder dem Erdboden. Bleiben die Haare auf der Haut der Tiere, bilden sich unter Umständen Irritationen, die zu einer Entzündung ausarten. Beim Bolonka Zwetna fallen die toten Haare nicht eigenständig aus. Daher braucht er die Unterstützung seines Besitzers, um sich von follikulären Rückständen zu befreien. Um das Tier zu trimmen, brauchst Du eine ruhige Umgebung, sodass der Bolonka eine entspannte Haltung einnimmt. Zappelt er während der Pflege, erhöht sich das Risiko einer Verletzung durch das Messer. Eine ähnliche Gefahr besteht beim Schneiden der lockigen Haarpracht. Bereits eine unbedachte Bewegung reicht aus, um die empfindliche Haut des Hundes zu verletzen.

Demnach hilft es, das Trimmen und Schneiden bereits im Welpenalter zu trainieren. Auf die Weise versteht der Bolonka, dass er sich während der Prozedur ruhig verhalten soll. Hierfür lohnt es sich, das Haustier in eine sitzende Position zu beordern. Zeigst Du ihm im Vorfeld Trimm-Messer und Schere, beschnuppert er die unbekannten Gegenstände. Dadurch merkt er, dass ihm keine Gefahr durch die Utensilien droht. Zudem erleichterst Du dem Hund das Haareschneiden, indem Du ihn mit einem Spielzeug ablenkst. Knabbert er an einem Büffellederknochen oder einem Ball, achtet er weniger auf die Bewegungen der Schere. Dadurch gelingt es Dir, das Fell auf die gewünschte Länge zu stutzen.

Versuchst Du, die Augenpartie der Bolonki von überlangen Strähnen zu befreien, erweist sich ein Partner als hilfreich. Dieser sorgt dafür, dass der Hund den Kopf ruhig und nach oben gerichtet hält. Um das Vertrauen des Tiers nicht zu brechen, stellt ein harter Nackengriff keine Alternative dar. Stattdessen beruhigst Du den Hund mit Streicheleinheiten und lobenden Worten. Bemerkst Du, eine aufkom-
110

mende Unruhe des Bolonkas, setzt Du die Schere besser ab. In dem Fall eignet sich ein Leckerchen, um ihn erneut in eine entspannte Haltung zu befördern. Um das Fell an den Pfoten im Erwachsenenalter problemlos zu schneiden, übst Du bereits mit dem jungen Tier das Pfötchengeben. Dafür greifst Du nach dem Vorderbein des Hundes und hältst es einige Sekunden fest. Versucht er, seine Pfote zurückzuziehen, beruhigst Du ihn. Wichtig ist, dass Du keinen kräftigen Griff verwendest, da dieser unter Umständen Schmerzen verursacht. Eine leichte Umklammerung der Pfote reicht aus, um sie an ihrem Platz zu halten. Den Prozess wiederholst Du mit allen vier Beinen des Hundes. Übst Du wöchentlich mit dem Haustier, kennt es das Kommando nach kurzer Zeit.

Als hilfreich erweisen sich Futterstücke, die Du dem Hund nach erfolgreich absolviertem Training zukommen lässt. Hebt er selbstständig die Pfoten, sorgst Du für einen abgerundeten Schnitt. Der Vorteil besteht darin, dass die Haare nicht zwischen den Zehen des Tiers klemmen. Dadurch beugen die Halter einer Verfilzung des dortigen Fells effektiv vor.

Aus hygienischen Gründen schneidest Du zudem den Afterbereich des Bolonka Zwetna ordentlich zurecht. Bei den Hündinnen reicht es aus, die Härchen rund um die Rosette zu stutzen. Verrichtet das Tier sein Geschäft, bleibt der Kot nicht im Fell kleben. Die Rüden benötigen zusätzlich eine Rasur des Intimbereichs. Das bedeutet, dass Du die Haare um Penis und Hoden kürzt, um Verschmutzungen zu vermeiden. Gelangt Harn auf das Fellkleid des Hundes, verströmt dieser nach mehreren Tagen einen unangenehmen Geruch.

Zum Herrichten der Haarpracht des Bolonka Zwetna gelten folgende Regeln:

- Der Kopf des Rassehundes erhält eine rundlich geschnittene Form. Damit betonst Du das niedliche Aussehen des Haustiers.
- Die Haare solltest Du am ganzen Körper des Tiers auf die gleiche Länge kürzen. Unterschiedliche Haarlängen sorgen für eine ungepflegte Optik.
- Die Beine des Hundes erhalten einen säulenförmigen Schnitt.
- Die Rute des Bolonka Zwetna behält zwingend ihre Behaarung.
- Das Fell auf dem Nasenrücken schneidest Du, sobald die Länge den Bolonka beeinträchtigt. Zusätzlich besteht die Notwendigkeit eines Schnitts, wenn die Haare in unterschiedliche Richtungen wachsen.
- Beim Schneiden des Bolonka-Barts solltest Du auf die empfindlichen Lippen des Hundes Rücksicht nehmen. Daher empfiehlt es sich, das Fell in dem Bereich nicht zu stark zu kürzen.
- Die Augenhärchen kürzt Du regelmäßig weit genug, dass sie nicht über die Augen des Haustiers reichen. Gelangt das Fell beispielsweise auf den Augapfel, droht eine Bindehautentzündung.

Fühlst Du Dich beim Schneiden der Haare unsicher, besteht die Möglichkeit, einen Hundefriseur zu konsultieren.

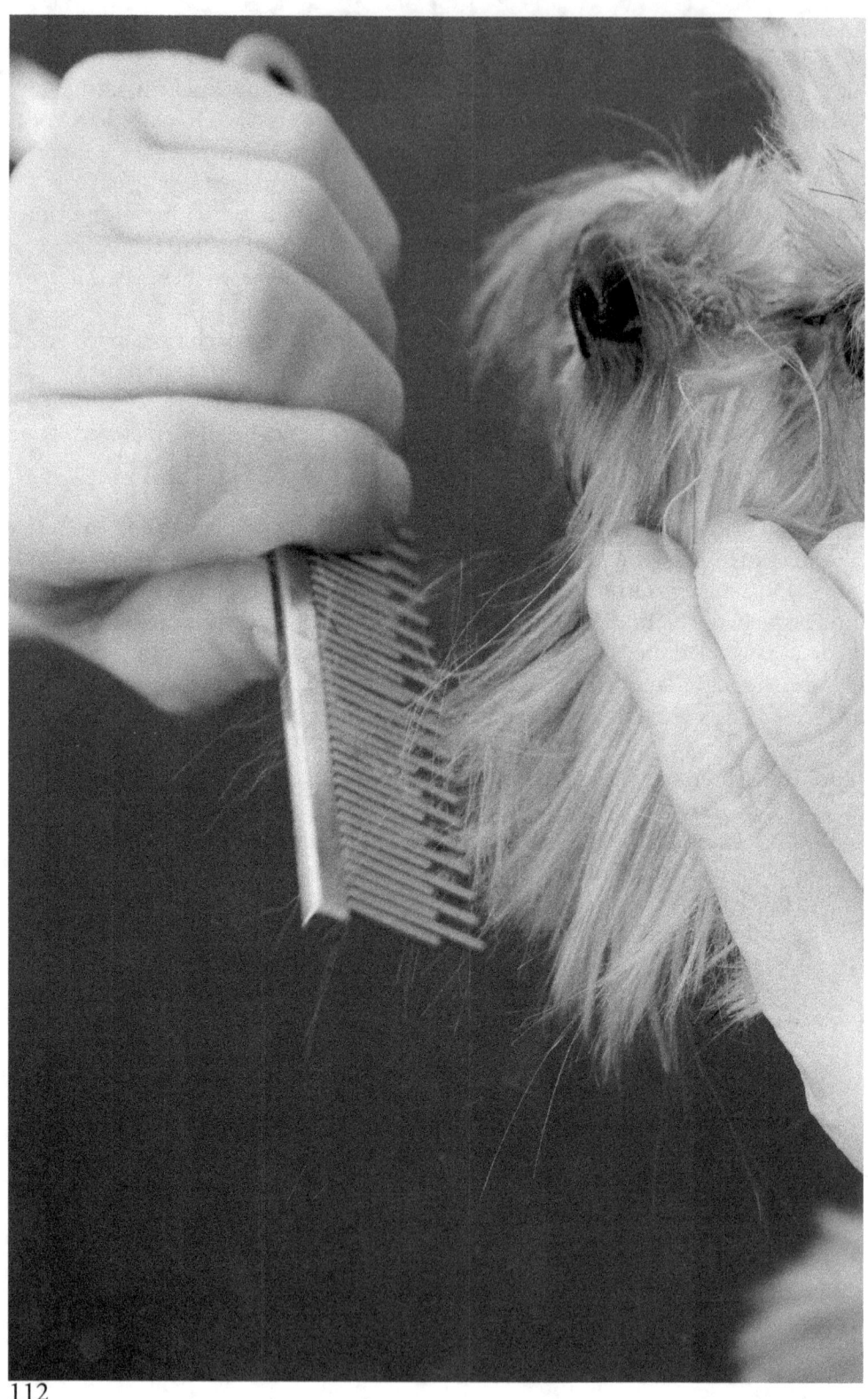

oder ein Wattestäbchen. Beide Utensilien fusseln nicht und besitzen in der Regel keine Duftstoffe, welche die Augen des Bolonka Zwetna reizen.

Wie gelingt die Ohrenpflege des Hundes?

Das Kontrollieren der Hörgänge gehört zu den wichtigen Aufgaben der Hundehalter. Einmal in der Woche suchst Du die Ohren des Hundes nach schwarzen Rückständen oder Verschmutzungen ab. Erkennst Du die dunklen Partikel, liegt der Verdacht eines Milbenbefalls nahe. Gegen die Parasiten helfen Produkte aus der Apotheke. Ebenfalls bekommst Du die Tropfen beim Tierarzt oder in einem Onlineshop. Neben den schwarzbraunen Punkten in den Ohren weist das Verhalten des Hundes auf die Lästlinge hin. Kratzt sich der Bolonka vermehrt am Kopf oder hält diesen schief, leidet er unter den Schädlingen. Des Weiteren schütteln die Zwetna oftmals das Haupt, wenn sie unter einer Ohrenentzündung leiden. Sobald Du das auffällige Benehmen des Haustiers bemerkst, suchst Du mit ihm den Veterinär auf, um die Ursachen frühzeitig abzuklären. Bei den Hunden wachsen die Haare an den Innenseiten des Hörorgans.

Um sie zu entfernen, nutzt Du in keinem Fall eine Schere, da eine erhöhte Verletzungsgefahr besteht. Besser eignet sich eine Pinzette, mit der Du die einzelnen Härchen vorsichtig auszupfst. Eine zweite Person sollte den Hund während des Prozesses festhalten, um hektischen Bewegungen vorzubeugen. Geschieht das Entfernen der Ohrhaare nicht fachgerecht, droht das Einwachsen der follikulären Elemente, wodurch es zu Entzündungen kommt. Durch das Zupfen der Haare förderst Du das Ablaufen von Ohrenschmalz. Auf die Weise beugst Du einer Irritation der Organe effektiv vor. Im Regelfall verspürt das Haustier bei der Prozedur keine Schmerzen. Er bemerkt lediglich ein leichtes Kitzeln in den Ohren.

Läuft der Ohrenschmalz nicht selbstständig aus den Gehörgängen, unterstützt Du den Ablauf. Statt Ohrenstäbchen verwendest Du besser Ohrentropfen, die Dir der Tierarzt verkauft. Alle drei bis vier Wochen träufelst Du die Flüssigkeit in die Hörorgane des Hundes. Danach hilft es, die Tropfen kurz einzumassieren, damit der Ohrenschmalz sich lockert und abfließt. Geschieht das, schüttelt der Bolonka kräftig den Kopf. Dadurch lösen sich gleichzeitig im Ohr befindliche Verunreinigungen. Erkennst Du nach der Säuberung weitere Verschmutzungen, nimmst Du ein Wattestäbchen zu Hilfe.
Tauchst Du es kurz in Wasser, feuchtest Du die Spitze an und erleichterst die Reinigung der äußeren Hörgänge. Hierbei gilt es, nicht in das Ohr einzudringen, da Du den Schmutz ansonsten tiefer in das Organ schiebst.

Die Zahnreinigung für den Bolonka

Einmal wöchentlich wirfst Du einen Blick in das Maul des Bolonka Zwetna. Dabei kontrollierst Du das Gebiss auf mögliche Fremdstoffe und Zahnstein. Letzteren erkennst Du an gelblichen Ablagerungen, die sich vorwiegend an der Wurzel der Fänge befinden. Durch sie erleidet das Haustier auf lange Sicht Schmerzen beim Kauen. Du beugst den in der Fachsprache genannten Konkrementen vor, indem Du dem Bolonka Trockenfutter vorsetzt. Durch die harte Nahrung reibt das Tier sich den Zahnstein eigenständig ab. Neben dem Zustand der Zähne beachtest Du den Geruch im Maul des Hundes. Eitrige Düfte weisen auf eine Entzündung oder auf einen Abszess hin. Bemerkst Du den unangenehmen Odeur oder die Fressunlust des Haustiers, konsultierst Du frühzeitig den Veterinär. Er entfernt mögliche Vereiterungen und verhindert eine Infektion des gesamten Kiefers.

Wie pflegst Du die Krallen und Pfoten?

Erhält der Bolonka Zwetna ausreichend Freigang und läuft er über harte Untergründe, entfällt das Schneiden der Krallen. Er wetzt sie selbstständig ab, sodass sie kräftig und gesund nachwachsen. Speziell Welpen und älteren Tieren fehlt die Bewegung. Ihre Nägel nutzen sich nicht ab. Abhilfe schaffen der Tierarzt oder der Friseur, die das Krallenstutzen übernehmen. Bei Bedarf zeigen Dir die Experten, wie Du die Maßnahme sicher und artgerecht durchführst.

Dafür benötigst Du eine scharfe Krallenzange, weil die Nägel bei stumpferen Werkzeugen zu splittern drohen.

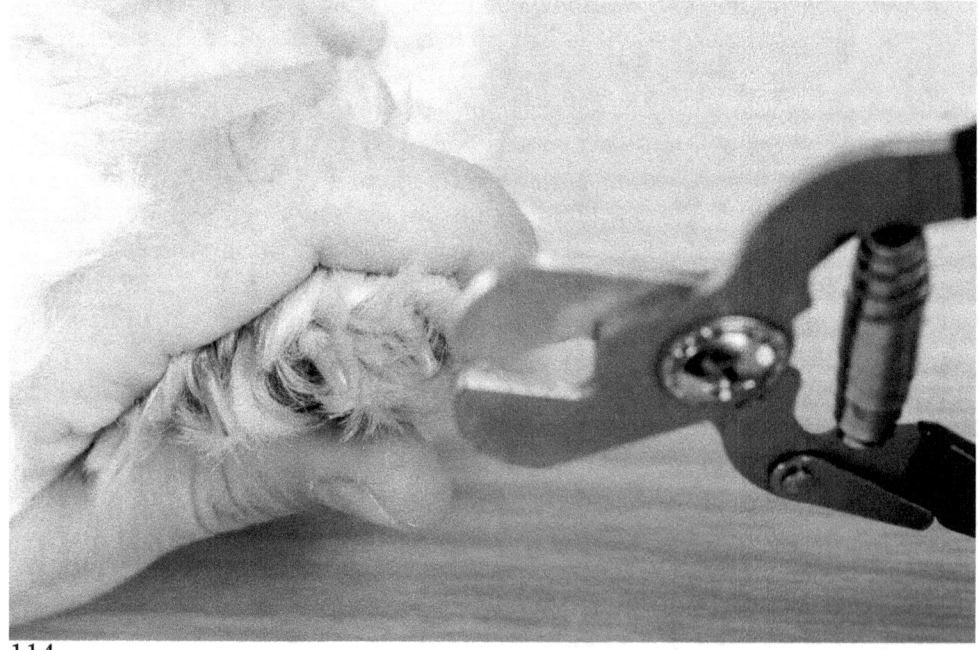

Beim Schneiden nimmst Du ausschließlich kleine Partien der Krallen weg. Hierbei besteht die Notwendigkeit, auf den Zustand der einzelnen Teile zu achten. Auf keinen Fall solltest Du in eine durchblutete Stelle der Bolonki-Krallen schneiden.

Durch die Verletzung entstehen Entzündungen, welche die Bewegungs-Fähigkeit des Hundes einschränken. Den Unterschied zwischen abgestorbenem und lebendem Gewebe erkennst Du an der Farbe. Während dunkle Krallen durchblutet werden, zeigen sich tote Rückstände gräulich oder weiß. Alternativ strahlst Du die Pfoten des Hundes mit einer Lampe an, um den Verlauf der Adern zu verfolgen.

Baden, Föhnen und Kämmen – was brauche ich?

Mit der Fellpflege des Bolonka Zwetna beginnst Du im Welpenalter, um ihn an die Zuwendung zu gewöhnen. Neben dem täglichen Bürsten zählt das gelegentliche Bad zu den grundlegenden Maßnahmen zur Versorgung des Hundes. Speziell nach längeren Spaziergängen sammeln sich Schmutz, Pollen oder eingefrorener Schnee in dem üppigen Fellkleid. Die Verwendung eines Kamms schafft in dem Fall nur bedingt Abhilfe, da kleine Partikel zwischen den Härchen zurückbleiben. Der Bolonka braucht ein ausgiebiges Bad.

Hierbei gilt es, mit Shampoo und Duschcreme sparsam umzugehen. Die chemischen Produkte reizen seine Haut und führen bei empfindlichen Tieren zu Irritationen und Juckreiz. Oftmals reicht eine Dusche mit klarem Wasser aus, um den Bolonka Zwetna von Unreinheiten zu befreien. Bevor Du den Hund badest, kämmst Du sein Fell durch, um Verfilzungen zu entfernen.

Danach lockst Du ihn mit einem Leckerchen oder seinem favorisierten Spielzeug in das Badezimmer. In der Badewanne duschst Du Deinen Bolonka Zwetna problemlos.

Möchtest Du ihn baden, solltest Du eine Hundewanne anschaffen. Die Utensilien ähneln in Größe und Form Säuglingsbadewannen. Dadurch eignen sie sich für die Säuberung von kleinen Hunderassen. Bevor Du den Bolonka in das warme Wasser setzt, schließt Du sämtliche Fenster und Türen.

Dadurch verhinderst Du das Eindringen von Zugluft, die als Ursache für eine Erkältung infrage kommt.
Gleiches gilt für das Duschen des Tieres. Damit es in der Wanne oder der Duschwanne nicht ausrutscht, dient eine rutschfeste Matte als Untergrund. Ebenso wie beim Baden durchnässt Du das Fell des Hundes komplett, um alle Rückstände auszuspülen. Lauwarmes Wasser fühlt sich für ihn angenehm an, während heiße Flüssigkeit ihn verbrennt. Eine kalte Dusche verursacht vorwiegend bei Welpen oder älteren Bolonki Infekte. Um die Haare von Schmutz zu befreien, lohnt sich der Kauf eines hochwertigen Hundeshampoos. Im Fachhandel oder im Internet findest Du eine Vielzahl von geeigneten Produkten. Nach dem Einmassieren der Substanz spülst Du sie komplett aus dem Fell. Dabei gilt es darauf zu achten, dass Shampoo und Wasser nicht in Augen, Ohren und Nase des Bolonka Zwetna gelangen. Möchtest Du das Haustier langfristig vor verfilztem Haar schützen, nutzt Du eine Pflegespülung.

Die Artikel erhältst Du beispielsweise zum Aufsprühen oder zum Einmassieren. Wählst Du Pflegemittel zum Sprühen, hältst Du besser eine Hand über die Augen des Hundes. Du bewahrst sie dadurch vor dem Eindringen von Fremdstoffen. Durch die Spülung profitierst Du von einer verbesserten Kämmbarkeit der Lockenpracht. Damit diese nicht verknotet, rubbelst Du das Haustier beim Abtrocknen nicht ab. Stattdessen tupfst Du mit dem Handtuch über das Fell. Ausschließlich bei kühlem Wetter solltest Du den Bolonka föhnen, da das Geräusch den Hund verängstigt. Während des Vorgangs nimmst Du die Bürste zur Hand, um das Haarkleid leichter in Form zu bringen.

Gleichzeitig beruhigt das Striegeln ihn, sodass er die Maßnahme als angenehm empfindet.

Durch das regelmäßige Kämmen, Bürsten und Baden sorgst Du für eine gut durchblutete und atmungsaktive Haut des Hundes. Jeder Bolonka Zwetna besitzt unterschiedliche Vorlieben. Sie entscheiden darüber, welche Bürsten sich für das Tier eignen. Bereits vor dem Kauf des Hundes solltest Du die wichtigen Standardutensilien besorgen. Zu ihnen gehören:

- die Doppelbürste,
- der Striegel,
- die Zupfbürste,
- der Kamm mit frei drehbaren Zinken,
- der Entfilzungskamm,
- der Flohkamm
- sowie der Bartkamm.

Bei der Doppelbürste handelt es sich um einen Striegel mit zwei Seiten. Beide weisen einen unterschiedlichen Härtegrad auf. Im Regelfall befinden sich im hinteren Bereich harte Zinken, während die Vorderseite weiche Borsten präsentiert. Die nachgiebigen Zinken bieten keine Möglichkeit, abgestorbene Haare zu entfernen. Bleiben sie im Fellkleid des Hundes, bedecken sie die oberste Hautschicht. Dadurch fehlt dieser die Luft, Bakterien sammeln sich und Entzündungen drohen. Hierbei schafft ein handelsüblicher Striegel Abhilfe. Durch die langen Borsten dringt das Pflegeutensil bis zu den Haarwurzeln vor. Als vorteilhaft erweisen sich solche aus Kunststoff, da das Material für eine statische Aufladung sorgt. Dadurch bleiben die losen Härchen an dem Gerät kleben. Einen ähnlichen Effekt besitzt die Zupfbürste, die abgetrennte Haare direkt aus dem Fellkleid löst. In der Regel fühlen sich die Borsten des Utensils hart an, sodass sie auf empfindsamer Haut Blessuren verursachen. Jault oder zappelt der Bolonka während des Kämmens, fügt ihm die Bürste Schmerzen zu. In dem Fall vermeidest Du es, den Artikel zu nutzen.

Im Gegensatz zu Bürsten verfügen Kämme über eng zusammenstehende Zinken. Dadurch ziehen sie kleine Partikel aus dem Fell. Ein Kamm mit frei drehbaren Spitzen verhindert ein unangenehmes Ziepen während der Fellpflege. Speziell bei jungen Tieren ersetzt das Utensil die Zupfbürste. Durch das schmerzlose Kämmen setzt Du es beispielsweise ein, um den Bolonka Zwetna an das Bürsten zu gewöhnen. Versäumst Du die Pflege des Hundes, bilden sich Knötchen im Haarkleid. Um sie zuverlässig zu entfernen, verwendest Du einen Entfilzungskamm. Von anderen Frisiergeräten unterscheidet ihn der scharfe Schliff an einer Seite der Zinken. Der Floh- oder Läusekamm überzeugt ebenfalls mit einer eindeutigen Besonderheit. Seine Spitzen liegen eng nebeneinander, sodass sich die Parasiten und ihre Eier dazwischen verfangen. Auf die Weise gelingt es, die klebrigen Nissen von den Haarwurzeln an die Oberfläche zu ziehen.

Des Weiteren benötigst Du für die Pflege der Bolonki einen Bartkamm. Die Produkte fallen aufgrund ihrer geringen Größe auf.

Durch sie kommt der Kamm nicht in die Nähe der Augen, sodass eine Verletzungsgefahr nicht existiert. Bürstest Du Deinen Bolonka, beginnst Du die Prozedur kurz über der Haut. Auf diese Weise fährt der Kamm über die gesamte Länge der Haare. Um alle Verfilzungen gründlich zu entfernen, lohnt es sich, strähnenweise vorzugehen. Vorrangig im Bart und hinter den Ohren des Hundes entstehen zahlreiche Knötchen. Nehmen diese im Fellkleid Überhand, besteht Deine Pflicht darin, den Bolonka zu scheren.

Schönheitssalons und Friseur

Gibst Du die Fell- und Krallenpflege des Bolonka Zwetna in die Hände eines professionellen Hundefriseurs, informierst Du Dich im Vorfeld über dessen Qualitäten. Seriöse Anbieter erkennst Du am Zustand ihres Salons sowie der Pflege-Utensilien. Des Weiteren zeugt der Umgang mit den Tieren von der Kompetenz der Friseure. Bevor Du den Bolonka in einen Hundesalon führst, fragst Du persönlich oder telefonisch nach, ob das Geschäft die Rasse bedient. Einige Schönheitssalons konzentrieren sich vorwiegend auf kurzhaarige Hunde. Demnach solltest Du Dich darüber informieren, ob die Friseure Erfahrungen im Umgang mit Bolonki besitzen. Die Preise für die Pflegemaßnahmen orientieren sich im Regelfall an dem Aufwand für die Pflegekräfte.
Es empfiehlt sich nicht, pauschal den günstigsten Salon zu wählen. Erst durch eine persönliche Kontrolle erkennst Du die Eignung des Ladens für eine fach- und artgerechte Versorgung des Haustiers. Ein kompetenter Hundefriseur setzt sich mit dem Rassestandard seiner vierbeinigen Kunden auseinander. Demnach kennt er im besten Fall die geeigneten Schnitte für den Bolonka Zwetna. Zudem weist die Tierliebe einen professionellen Hundesalon-Mitarbeiter aus. Während des Badens, Kämmens oder Frisierens neigen zahlreiche Hunde zum Zappeln oder Spielen. Die Prozedur bedeutet für sie Stress, da sie längere Zeit stillhalten. Um überschüssige Energie aufzubauen, toben die Tiere beispielsweise in der Wanne. Ein Hundefriseur ermahnt den Hund in dem Fall konsequent und gleichzeitig liebevoll. Harte Griffe oder Klapse erweisen sich nicht als annehmbare Erziehungsmethode. Daher gilt es, die unangebrachten Handlungen anzusprechen und zu unterbinden. Um das Wohl des Hundes zu wahren, besteht die Option, den Salon zu wechseln.

Eine scharfe Rüge stellt keine Rücksichtslosigkeit der Angestellten des Salons dar. Stattdessen beweisen sie Kenntnisse im Umgang mit überdrehten Haustieren. Speziell Hunde, die zum ersten Mal die Pflege in einem Geschäft genießen, verlieren ihre entspannte Grundhaltung und zeigen die Aufregung. Der Friseur reagiert auf das Verhalten geduldig, versucht aber, das Tier zur Ruhe zu bringen. Zudem passen die Experten die Pflegemaßnahmen an die individuellen Charaktere der Bolonki an. Vorwiegend Welpen und ältere Hunde können nicht über einen längeren Zeitraum still stehen.

Daher sorgt der Mitarbeiter für das Wohlbefinden des Bolonka Zwetna und verkürzt den Standardschnitt. Ebenso behandelt er gesundheitlich angeschlagene Haustiere mit Vorsicht. Dadurch beugt er einer psychischen und physischen Überforderung der Kaniden vor.

Um den passenden Hundefriseur zu wählen, führen die Halter einen Preis- und Qualitätsvergleich durch. Das Trimmen und Scheren des lockigen Fells braucht ausreichend Zeit und fachliche Grundkenntnisse. Eine qualitativ hochwertige Arbeit sollten die Hundebesitzer entsprechend honorieren. Als Auswahlkriterium für die Salonwahl erweisen sich die „Referenzhunde". Eine Vielzahl von Friseuren bilden auf ihren Webseiten Fotos von ihren fertig frisierten Kunden ab.

15 Fragen an den Züchter
rund um meinen Bolonka Zwetna

Frage:

Kann der Bolonka Zwetna allein bleiben?

Antwort:

Am wohlsten fühlt sich der Bolonka Zwetna in der Gesellschaft seiner Familie. Er begleitet Herrchen und Frauchen mit Vorliebe in jeder Lebenssituation. Besteht keine Möglichkeit, den Hund mitzunehmen, erhält eine alternative Bezugsperson Relevanz. Sie betreut den Bolonka in der Abwesenheit seiner Besitzer, sodass das Haustier nicht unter einer Vereinsamung leidet. Lehrst Du Deinem Hund das Alleinbleiben bereits im Welpenalter, stellt ein Nachmittag ohne den Kontakt zu seinem Halter für ihn kein Problem dar. Hierbei solltest Du darauf achten, den Bolonka nicht mehr als vier Stunden am Stück sich selbst zu überlassen.

Frage:

Besteht die Möglichkeit, den Hund in allen Lebenssituationen mitzunehmen?

Antwort:

Aufgrund seiner Größe ist es in der Regel kein Problem, den Bolonka Zwetna in den Alltag zu integrieren. Er findet 8an langen Ausflügen ebenso Gefallen wie an Autofahrten, sofern Du ihn frühzeitig daran gewöhnst. Während des Sports beweist der Hund seine Ausdauer, sodass er auch hier problemlos mit seinem Besitzer mithält. Planst Du eine Flugreise, ergibt sich die Möglichkeit, den Bolonka im Handgepäck zu transportieren.

Zusätzlich besteht der Vorteil darin, dass die Rasse über einen ruhigen Charakter verfügt. Eine Vielzahl von Geschäften und Restaurants gewährt dem Tier aus dem Grund ohne Vorbehalte Einlass.

Frage:

Leidet ein Bolonka Zwetna unter Höhenangst?

Antwort:

In der Regel leiden die Bolonki nicht an Höhenangst. Dennoch zögern sie in manchen Fällen vor einem Sprung in die Tiefe. Scheint sich das Tier auf einem Stuhl oder der Couch unwohl zu fühlen, resultiert der Umstand eventuell aus einer früheren Verletzung. Des Weiteren besteht die Möglichkeit, dass der Hund aufgrund seiner Krallen auf glatten Böden ausrutscht und sich daher zögerlich von hohen Plätzen begibt. Durch ausreichend Bestätigung und Ermutigung verliert das Haustier seine Angst.

Frage:

Mögen die Bolonki Hundesport?

Antwort:

Abhängig von ihrer Erziehung bevorzugen die Hunde Auslauf und viel Bewegung. Aufgrund ihrer Folgsamkeit eignen sie sich für Hundesportarten wie Agility oder Obedience. Letzteres verbindet Gehorsamkeitsübungen mit ästhetischen Bewegungen, sodass es sich als passende Aktivität für den Bolonka Zwetna erweist.

Frage:

Verträgt sich der Bolonka Zwetna mit Katzen?

Antwort:

Die Mehrheit der Bolonki besitzt einen ausgeglichenen und duldsamen Charakter. Sie akzeptieren ihre Rolle innerhalb der Familie und vermeiden dominantes Gebaren. Aus dem Grund vertragen sich die Tiere mit Artgenossen und anderen Haustieren. Die Voraussetzung besteht darin, dass der Bolonka sich langsam an sie gewöhnt.

Daher lohnt es sich, den Hund im Welpenalter zusammen mit den Katzen aufzuziehen. In der Regel erleichtert es das Zusammenleben, wenn ein junges Tier mit einem älteren Exemplar in Kontakt kommt. Befinden sich Katze und Hund in einem ähnlichen Alter, sollten die Besitzer Konflikten – beispielsweise Futterneid oder Eifersucht – vorbeugen. Auf die Weise gestaltet sich das Halten von Hund und Katze ohne Schwierigkeiten.

Frage:

Wie lang werden die Haare des Bolonka Zwetna?

Antwort:

Die exakte Haarlänge variiert bei den einzelnen Bolonki. Im Schnitt wächst das Fell der Tiere bis zu 25 Zentimetern. Schneiden die Besitzer die Locken, wachsen sie bis auf diese Länge nach. Jedoch besteht die Möglichkeit, dass ein Schnitt die Struktur der Haare verändert.

Frage:

Besitzt der Hund Unterwolle?

Antwort:

Der Bolonka Zwetna zählt zu den langhaarigen Hunderassen, die zusätzlich zu ihrem Deckhaar Unterwolle aufweisen. Deren Ausfall ist nicht saisonal abhängig, stattdessen wächst das Fell stetig. Abgestorbene follikuläre Partikel bleiben zwischen den Deckhaaren hängen. Dadurch wirkt es, als komme es nicht zum Haarausfall bei dem Bolonka.

Frage:

Frisst der Bolonka Zwetna Gemüse?

Antwort:

Neben Fleisch und Kohlenhydraten bilden Vitamine eine grundlegende Nahrungsbeilage für den Bolonka Zwetna. Darum befindet sich in handelsüblichem Hundefutter bis zu einem Viertel Gemüse. Vorrangig eignen sich Karotten und Erbsen, um die Verdauung des Haustiers positiv zu beeinflussen. Entscheiden sich die Halter, mit ihrem Bolonka zu barfen, führen sie ihm bei jeder Mahlzeit Gemüse zu. Die vitaminreiche Kost sollte ein Viertel der gesamten Portion ausmachen. Mit Vorliebe verspeist der Hund die gesunden Lebensmittel, wenn die Besitzer seine favorisierten Sorten auswählen.

Frage:

Wie viel Auslauf brauchen die Bolonki?

Antwort:

Der Bewegungsdrang der Hunde hängt von ihrem gesundheitlichen Zustand, der Erziehung und dem Alter ab. Welpen und ältere Bolonki brauchen weniger Auslauf als die ausgewachsenen Haustiere. Bei einem erwachsenen Bolonka Zwetna planen die Halter täglich einen eineinhalb- bis zweistündigen Spaziergang ein. Zusätzlich freut sich der Hund über Spiele innerhalb der Wohnung, um seine überschüssige Energie auszuleben.

Frage:

Wie alt kann der Bolonka Zwetna werden?

Antwort:

Das exakte Lebensalter der Bolonki hängt von unterschiedlichen Faktoren ab. Die Ernährung, die körperliche Fitness und der Gesundheitszustand nehmen Einfluss auf die Lebenserwartung des Hundes. Bei einer artgerechten Haltung erreicht der Bolonka ein Alter zwischen zehn und 15 Jahren. Dabei existieren in der Regel keine Unterschiede zwischen den Hündinnen und Rüden.

Frage:

Kann der Bolonka Zwetna schwimmen?

Antwort:

Der Bolonka Zwetna kann, wie alle Hunde im Welpenalter, schwimmen. Geht das ausgewachsene Tier ungern ins Wasser, fürchtet er sich beispielsweise aufgrund schlechter Erfahrungen. Zudem besteht die Option, dass die Hunde das Schwimmen verlernen. Das bedeutet, sie koordinieren ihre Bewegungen im Wasser nicht richtig und bekommen Angst. Um dem Haustier die richtige Technik beizubringen, gehen die Besitzer mit ihm in tieferes Gewässer. Dort halten sie den Bolonka an der Oberfläche, bis er die Beine selbstständig bewegt. Alternativ halten sie den Hund an seinem Geschirr fest, sodass er nicht untergeht. Die jeweiligen Übungen führst Du mit Deinem Bolonka Zwetna ausschließlich wenige Minuten durch, um einer Ermüdung desselben vorzubeugen. Benimmt er sich während des Trainings

122

panisch, brichst Du dieses ab und beruhigst ihn.

Frage:

Bekommen weibliche Bolonki monatliche Blutungen?

Antwort:

Ähnlich wie beim Menschen läuft der Eisprung der Bolonki-Weibchen regelmäßig, also monatlich, ab. Kommt es nicht zu einer Befruchtung, stirbt das Ei ab. Der Organismus der Hündin scheidet es in Form der Menstruation aus. Sie beginnt bei den Tieren im Regelfall ab dem sechsten Lebensmonat. Damit keine Flecken entstehen, besteht die Möglichkeit, dem Bolonka Zwetna eine Hundewindel anzulegen. Entscheidest Du Dich dafür, den weiblichen Hund zu kastrieren, entfällt die Maßnahme, da der Menstruationszyklus ausbleibt.

Frage:

Ab wann erfolgt die Kastration der Hunde?

Antwort:

Die Vielzahl der Züchter rät zu einer Kastration der Hündin vor der ersten Läufigkeit. Oftmals bekommen die weiblichen Tiere ihre erste Hitze bereits im Alter von sechs bis sieben Monaten. Aus gesundheitlichen Gründen besteht manchmal nicht die Möglichkeit, die Tiere vor der Läufigkeit zu kastrieren. In dem Fall bewährt es sich, dies zu veranlassen, wenn Dein Bolonka ein Jahr alt ist. Bei Rüden erfolgt die Kastration vorrangig im Erwachsenenalter, da sie erst zu dem Zeitpunkt unerwünschtes Territorialverhalten zeigen. Eine Frühkastration birgt bei den männlichen Bolonki das Risiko eines verlangsamten Wachstums. Die jeweiligen Tiere erreichen unter Umständen eine Widerristhöhe von über 26 Zentimetern. Sie entsprechen damit nicht länger dem Rassestandard.

Frage:

Wie lange sind die Bolonka-Zwetna-Weibchen trächtig?

Antwort:

In der Regel dauert die Trächtigkeit der Hündin neun Wochen. Sie wirft die Welpen zwischen dem 60. und dem 65. Tag nach der Befruchtung. Vorwiegend bei einer geplanten Schwangerschaft im Zuge einer Zucht kontrollieren die Besitzer den zeitlichen Ablauf, um Komplikationen zu vermeiden.

Frage:

Wie viele Welpen bekommt der weibliche Bolonka Zwetna?

Antwort:

Die exakte Anzahl der Welpen unterscheidet sich bei den einzelnen Hündinnen. Erst während der Trächtigkeit erfühlt der Tierarzt die Embryonen im Mutterleib. Im Regelfall gehören die Hunde zu den Haustieren, die größere Würfe zur Welt bringen. Das bedeutet, dass eine Hündin im Schnitt fünf bis sechs Welpen wirft.

Leben mit dem Bolonka – Liebe, Bindung und Beziehung

Aufgrund seines anhänglichen Wesens baut der Bolonka Zwetna schnell Bindungen zu Bezugspersonen auf. Abhängig von seiner Sozialisation weist das Vertrauensverhältnis zwischen Hund und Halter Stärke auf und fungiert als Grundlage für das Zusammenleben. Mit einer Lebenserwartung von 15 Jahren erreicht der Bolonka ein stolzes Alter und erfreut sich bei einer artgerechten Pflege einer guten Gesundheit.

Der Bolonka – ein Freund fürs Leben

Der Bolonka Zwetna zählt zu den beliebten Familienhunden, was vorrangig an seiner starken Bindungsbereitschaft liegt. Er besitzt einen anpassungsfähigen Charakter und bevorzugt ein harmonisches Verhältnis innerhalb seines „Rudels". Demnach integriert er sich im Regelfall ohne Schwierigkeiten, da er bestehende Rollengefüge annimmt. Im Gegensatz zu anderen Rassen zeigt der Hund ein geringes Dominanzverhalten. Zwar testet das Tier seine Grenzen aus, überschreitet sie jedoch selten. Ein Bolonka Zwetna akzeptiert seine Stellung innerhalb der Familie und freut sich, wenn er seinem Halter gefällt. Speziell der Aspekt macht ihn zu einem angenehmen Begleiter im Alltag. Aufgrund seines anhänglichen Wesens entwickelt der Hund eine feste Beziehung zu seiner Bezugsperson. Daraus resultiert ein Abhängigkeitsverhältnis, das speziell bei kleinen Hunderassen in Erscheinung tritt. Der Bolonka Zwetna ist ausschließlich im geringen Maße selbstständig. Vielmehr richtet er sich nach dem Willen von Herrchen oder Frauchen. Demnach erweist sich die Erziehung des Hundes im Regelfall nicht als kompliziert.

Bindung und Beziehung

Der Begriff Bindung bezeichnet das Vertrauensverhältnis zwischen dem Bolonka Zwetna und seinem Besitzer. Bei den Hunden entwickelte sich die Beziehung zu Menschen aus der Evolution heraus. Die Kaniden lernten auf die Weise, innerhalb größerer Menschengruppen zu leben und ihre Verhaltensweisen anzupassen. Hierbei handelt es sich um die Prägung, welche die Beziehung von Hunden zu Menschen maßgeblich beeinflusst. In der Publikation „Sichere Bindung – sicheres Wesen" untersuchen die Autoren Heinz Weidt und Dina Berlowitz die steigenden Ansprüche an Haushunde. Eine gute Sozialisation erweist sich als Grundlage für eine feste Bindung zwischen dem Bolonka und seinem Halter. Bei dem Haustier ergibt sich die Bereitschaft für den Prozess aufgrund der Trennung von der Mutter. Ohne ihre Fürsorge sehnt sich das Tier nach Schutz. Während der ersten Sozialisierungsphase kommt der Welpe mit Menschen in Kontakt und lernt, dass sie für ihn keine Gefahr darstellen. Zwischen der dritten und der 13. Lebenswoche besitzen Jungtiere eine sensible Lernphase. In dem Zeitraum profitieren sie von einer großen Aufnahmefähigkeit. Abhängig von ihrem Umgang entscheidet sich, wer einen Sozialpartner darstellt. Ausschließlich eine liebevolle und artgerechte Behandlung der Welpen gewährleistet, dass diese die Fähigkeit zum Aufbau einer Bindung entwickeln. Im Regelfall entsteht die Beziehung zwischen dem Bolonka Zwetna und seiner hauptsächlichen Bezugsperson. Mit dem vierten Lebensmonat intensivieren sich die Bindungsabsichten des Hundes.

Zwischen ihm und seinem gegenwärtigen Halter entsteht eine Vertrauensbasis, die sich mit der Zeit verstärkt.

Bolonki gehören zu den Hunden, die in späteren Lebensjahren schnell neue Bindungen eingehen. Innerhalb weniger Tage finden sie eine weitere Bezugsperson. Nimmst Du einen älteren Zwetna auf, besteht die Möglichkeit einer festen Hund-Halter-Beziehung. Bekommen die Haustiere bis zu ihrer 14. Lebenswoche keinen Kontakt zu Menschen, erweist sich Furcht als prägendes Gefühl gegenüber dem Besitzer. Die Tiere zeigen ein starkes Meideverhalten. Dieses beschreibt Ádám Miklósi in seinem Buch: „Hunde. Evolution, Kognition und Verhalten". Der Autor befasst sich mit den Gedächtnis- und Sinnesleistungen von Hunden. Schwerpunkt der Forschung des Lehrstuhl-Leiters für Ethologie an der Eötvos-Loránd-Universität (Budapest, Ungarn) ist die Mensch-Hund-Beziehung. Ebenfalls erklärt der Autor in seinem Werk, dass das Bindungsverhalten ausschließlich zwischen Hund und Mensch besteht. Zu anderen Tieren entwickeln die Welpen keine Beziehung.

Dadurch unterscheiden sich Haushunde von Wölfen. Ihr Bindungsverhalten erinnert nicht an tierisches Verhalten, sondern ähnelt der Bindung von Kindern. Treten während der Sozialisierungsphase Störungen in der Hund-Halter-Beziehung auf, kommt es zu Verhaltensauffälligkeiten der betroffenen Bolonki. Es gehört zu Deinen Aufgaben als Besitzer, dem Bindungswunsch des Bolonka Zwetna zu entsprechen. Hierbei ist es wichtig, ein Gleichgewicht zwischen einem überbehütenden und einem vernachlässigenden Benehmen zu finden. Das Schutzbedürfnis des Hundes bestimmt sein Verhalten gegenüber seiner Familie. Erkennst Du die Bedürfnisse des Tiers, beeinflusst Dein Handeln die Art der Beziehung.

Innere und äußere Aspekte kennzeichnen das Bindungsverhalten des Bolonka Zwetna. Dabei bestimmen die Faktoren, ob der Hund die Nähe zu seinem Sozialpartner sucht. Zudem ermöglicht eine sichere Beziehung ein neugieriges Benehmen des Haustiers. Erkundet es seine Umgebung, dient die Bezugsperson als „sicherer Hafen". Wünschst Du zu prüfen, ob eine Bindung zwischen dem Bolonka und Dir existiert, achtest Du auf folgende Dinge:
Die individuelle Unterscheidung (Kann der Hund Dich erkennen?),
ein entspanntes Verhalten (Benimmt sich der Bolonka in Deiner Gegenwart gelassen?),
den Secure Base Effect (Sucht der Hund bei Dir Schutz?)
sowie das Benehmen nach einer Trennung (Zeigt der Hund Freude, wenn er Dich wiedersieht?).

Bei dem Bolonka Zwetna erweist sich die Hund-Halter-Beziehung als lebensnotwendiger Prozess. Dabei bleibt das Vertrauensverhältnis zwischen beiden Partnern lebenslang bestehen. Den Abhängigkeitsgrad, den er zeigt, beeinflussen seine Erfahrungen im Umgang mit Menschen. Entsteht ausschließlich eine lückenhafte Bindung, prägen Angst und Aggression das Leben des Haustiers. Es weist in dem Fall eine stetige Fluchttendenz auf.

Die Alterserwartung des Bolonka Zwetna

Das Alter des Hundes hängt von mehreren Aspekten ab. Im Schnitt erreichen die Haustiere eine Lebenserwartung von 15 Jahren. Zwischen den Rüden und den Hündinnen existiert im Regelfall kein Unterschied. Lässt Du ihn in jungen Jahren kastrieren, verlängerst Du sein Leben im Durchschnitt um zwölf Monate. Der Grund besteht darin, dass kastrierte Hündinnen weniger zu Entzündungen der Milchdrüsen neigen. Zusätzlich bleiben Tumore in der Gebärmutter bei ihnen aus, sodass sie von einer unbeeinträchtigten Gesundheit profitieren. Bei den männlichen Hunden führt die Kastration zu einem verlangsamten Wachstum. Das bedeutet, dass die Alterserscheinungen bei den Tieren verspätet auftreten. Als Grundlage für eine hohe Lebenserwartung besteht das normale Gewicht des Bolonka Zwetna.

Durch Übergewicht erhöht sich für ihn das Risiko am Herzen oder der Leber zu erkranken. Du unterstützt die Gesundheit des Hundes mit einer artgerechten und ausgewogenen Ernährung. Zudem beeinträchtigt Stress das Wohlergehen der Bolonki. Bemerken sie innerhalb der Familie Hektik oder Streit, kommt es unter Umständen zu einem erhöhten Blutdruck. Dieser führt zu einem geschwächten Kreislauf der älteren Hunde.

Damit der Bolonka Zwetna bis in das hohe Alter physisch und psychisch gesund bleibt, benötigt er ausreichend Beschäftigung. Durch anhaltende Langeweile leidet die Ausdauer sowie die Intelligenz des Hundes. Er verliert die Lust an einem agilen Leben und neigt zur Faulheit. Schnell setzen die betroffenen Tiere Fett an. Gleichzeitig führt das geistige Unwohlsein zu einer beeinträchtigten Immunabwehr. Bakterien und Viren dringen leichter in den Organismus des Bolonka ein und lösen Erkrankungen aus. Zusätzlich nimmt die Umgebung einen maßgeblichen Einfluss auf das Alter der Hunde. In der Regel profitieren Bolonki, die auf dem Land aufwachsen, von einer speziellen Langlebigkeit. Die saubere Luft hält die Tiere fit und gesund. Im Gegensatz dazu drohen bei einem ständigen Stadtlärm gesundheitliche Probleme. Wohnst Du mit dem Bolonka Zwetna in einer hektischen Großstadt, solltest Du ihm mehrmals im Jahr eine „Auszeit" gönnen. Beispielsweise entspannt das Haustier in einem ruhigen Urlaub in einem Hundehotel. Ebenso eignet sich ein Campingausflug, um mit dem Hund die Natur zu erkunden.

Die exakte Alterserwartung des Bolonka Zwetna kann auch der Züchter nicht vorhersagen. Dennoch lohnt es sich, bei der Auswahl des Zwingers auf Hygiene und ein harmonisches Zusammenleben zu achten. Die psychische Ausgeglichenheit fördert die Langlebigkeit des Bolonka Zwetna. Genetische Erkrankungen können die Lebenserwartung des Haustiers deutlich vermindern. Daher erkundigen sich die Besitzer bereits vor dem Kauf über die Abstammung der Welpen. Kommen geistige Behinderungen oder Schäden an den inneren Organen seiner Verwandten vor, droht eine verfrühte Alterung. Weißt Du nichts Genaues über die Elterntiere des gewählten Bolonka, gilt es, dessen Konstitution zu stärken. Viel Bewegung, gesunde Nahrung und eine liebevolle Zuwendung ermöglichen dem Haustier ein angenehmes Familienleben.

Der Bolonka im Alter

Das Altern stellt auch bei Hunden keine Erkrankung, sondern einen natürlichen Prozess dar. Eine Möglichkeit, den Verschleiß des Körpers aufzuhalten, existiert nicht. Jedoch nehmen die Ernährung, die Bewegung und die Beschäftigung Einfluss auf den gesundheitlichen Zustand des Bolonka Zwetna. Durch regelmäßige Spaziergänge und eine ausgewogene Nahrung besteht für Dich die Option, den Alterungsprozess des Hundes zu verlangsamen.

Auf die Weise genießt das Tier als Senior sein Leben und verliert nicht seinen Spieltrieb. Wie schnell der Bolonka altert, hängt zudem von den Genen ab. Manche Zuchtlinien neigen zu stärkeren Alterserscheinungen als ihre Artgenossen. Dabei altern die kleinen Bolonki schneller als die normal großen Haustiere. Das bedeutet, dass vorwiegend Zwetna, bei denen die Verzwergung auftritt, einen frühzeitigen körperlichen Verschleiß aufweisen. Kommt Dein Hund in die Jahre, behandelst Du ihn nicht wie einen agilen Junghund. Stattdessen brauchen die älteren Tiere eine ruhige Umgebung und Besitzer, die sich den geänderten Bedürfnissen anpassen. Der Senior-Bolonka benötigt in vielen Fällen eine ähnliche Pflege wie ein Welpe. Körperliche Überanstrengungen des Hundes solltest Du vermeiden. Alternativ zu einem ausgedehnten Spaziergang unternimmst Du mit ihm mehrere kleine Runden. Hierbei besteht der Vorteil, dass er sich öfter entleeren kann. Bei den älteren Tieren lässt die Kontrolle über die Blase und den Darm nach. Du bemerkst den Umstand, wenn der Bolonka Zwetna vermehrt ins Freie möchte.

Dauert es eine Weile, bis er sich löst, übst Du Dich in Geduld. Drängt ein Halter seinen Seniorhund zum Weiterlaufen, wirkt sich der Druck negativ auf dessen Kreislauf aus. Im schlimmsten Fall führt eine stetige Überlastung zu Herzproblemen.

Zusätzlich achtest Du bei dem Spaziergang mit dem alten Hund auf die Witterungsverhältnisse. Bei feuchtem Klima erkältet sich der Bolonka Zwetna schnell. Dies kann aufgrund eines dem Alter geschuldeten geschwächten Immunsystems zu einer bedrohlichen Erkrankung ausarten.

Um einer solchen Komplikation vorzubeugen, trocknest Du das Haustier nach einem Ausflug im Regen ab. Durch sanftes Tupfen drückst Du die Feuchtigkeit aus dem Fell. Auf die Weise hilfst Du, die Körpertemperatur des Hundes zu regulieren.

In der Regel fressen ältere Hunde weniger und langsamer als ihre jungen Artgenossen. Um die Verdauung der Tiere anzuregen, erhalten die Senior-Bolonki besser mehrere kleine Mahlzeiten am Tag. Die geringen Mengen setzt der Stoffwechsel ohne Schwierigkeiten um, sodass sich das Risiko einer Verstopfung minimiert. Einen Unterschied bei der Pflege eines älteren Bolonka Zwetna gibt es im Bereich der Zahnkontrolle.

Die betagten Hunde leiden häufig an lockeren und stark wackelnden Zähnen. Entdeckst Du einen losen Fang, suchst Du mit dem Tier zeitnah einen Tierarzt auf. Dieser zieht den Zahn und beugt einer Vereiterung des Kauapparats vor. In den Alterungsprozess wachsen Hund und Halter gemeinsam rein. Auf die Weise gelingt es beiden, sich an die neuen Gegebenheiten anzupassen. Entscheidest Du Dich, ein altes Tier aufzunehmen, solltest Du Dich im Vorfeld über seine Bedürfnisse informieren.

Zu den relevanten Pflegetipps für Senior-Bolonki gehören folgende Ratschläge:

- Eine regelmäßige Zahnkontrolle schützt vor schmerzhaften Entzündungen.
- Putzt Du dem Bolonka die Zähne, desinfizierst Du gleichzeitig sein Maul.
- Du solltest die Hundehaut wöchentlich auf Veränderungen kontrollieren (Leberflecke, Liegeschwielen).
- Das vorsichtige Abtasten ermöglicht es Dir, Hautveränderungen zu erfühlen (Tumor).
- Sauberkeit bewahrt das Tier vor Infektionen.
- Passivrauchen sorgt bei den Bolonki für einen schnelleren Alterungsprozess, daher sollten sie fern von Zigarettenrauch bleiben.
- Der Schlafplatz des Hundes ist vorzugsweise warm, weich und vor Zugluft geschützt.
- Hygiene im Körbchen schützt das Haustier vor Erkrankungen.
- Zweimal im Jahr suchst Du mit dem Bolonka Zwetna den Veterinär für eine Altersvorsorge-Untersuchung auf.

Im Alter verändert sich nicht ausschließlich der gesundheitliche Zustand des Hundes. Auch für Bolonki mit einer hohen Lebenserwartung kommt einmal die Zeit des Abschieds. Im besten Fall entschläft der Seniorhund friedlich, ohne Schmerzen zu erleiden. Bemerkst Du, dass ihn eine Krankheit quält, gilt es, die Vor- und Nachteile einer langwierigen und kräftezehrenden Behandlung abzuwägen.

Schlusswort

Wir bedanken uns bei Dir für Deine Aufmerksamkeit beim Lesen unseres Buches
und hoffen es hat Dir gefallen. Wir wollten Dir und deinem Bolonka
ein wenig mehr Wissen verschaffen.

Für ein glückliches Leben mit deinem Bolonka Zwetna
wünschen wir Dir von Herzen alles Gute.

in Zusammenarbeit mit www.bolonka-zwetna-freunde.de

© toorpedo Verlag, Görlitz 2016
Alle Rechte vorbehalten
www.toorpedo.de
Herausgeber: toorpedo Verlag Foerster
Alle Rechte vorbehalten

www.ingramcontent.com/pod-product-compliance
Lightning Source LLC
Chambersburg PA
CBHW051944280526
45789CB00009B/3174

* 9 7 8 1 5 3 9 6 6 5 0 9 0 *